FREUD AU CAS PAR CAS

Figures de l'Inconscient

En collaboration avec

SIPP&ISPP

International Society for Psychoanalysis and Philosophy
Société Internationale de Psychanalyse et de Philosophie

www.sipp-ispp.org

FREUD AU CAS PAR CAS

Lectures philosophiques des cas freudiens

Sous la direction de
Gilles Ribault

LEUVEN UNIVERSITY PRESS

ISBN 978 94 6270 050 5
D/2015/1869/52
NUR: 777

Cover design: Griet Van Haute
Cover illustration: © Freud Museum London
Lay-out: Friedemann BVBA

GPRC Guaranteed Peer Reviewed Content www.gprc.be

Table des matières

Introduction

Gilles Ribault

Freud n'était pas un philosophe. Il se méfiait de l'esprit de système et de la raison pure, trop proches, à ses yeux, des délires de la paranoïa. De leur côté, les philosophes sont demeurés distants, voire critiques, à l'égard de Freud. Les hommages de M. Merleau-Ponty restèrent lointains. J.P. Sartre ou P. Ricœur se sont rapprochés du psychanalyste mais en mettant en cause la pertinence et la cohérence de ses conceptions. Des ralliements plus francs se sont inscrits dans des stratégies de « sortie de la philosophie », visant à retrouver le sol de la réalité du corps, des pulsions et de leur histoire. Mais si H. Marcuse ou W. Reich ont appuyé leur propre réflexion sur la psychanalyse, c'était pour mettre celle-ci au service d'une critique sociale qui lui était étrangère. De leur côté, les travaux de J. Derrida, G. Deleuze ou M. Foucault n'ont fait que croiser le sillage freudien en des rencontres fécondes mais ponctuelles. Et si Lacan a redonné de l'intérêt à l'œuvre du psychanalyste viennois aux yeux de toute une génération de philosophes, ce n'est pas en partant de la pensée du psychanalyste mais en effectuant un « retour à Freud » depuis des présupposés, hégéliens puis saussuriens, qui lui étaient extérieurs. La philosophie est-elle ainsi condamnée à ne jamais rencontrer véritablement la pensée freudienne ? Ce rendez-vous, jusqu'ici manqué, n'est-il pas temps de le reprendre, en de nouveaux lieux et selon de nouvelles attentes ?

Paradoxalement, c'est l'héritage freudien, en effet, qui a besoin aujourd'hui de cette philosophie dont Freud se gardait tant. La psychanalyse a perdu depuis longtemps, son statut d'exploration théorique et d'expérimentation thérapeutique pour devenir un champ disciplinaire indépendant, revendiquant son autonomie au nom d'un fondement clinique propre. Son dialogue difficile, souvent de sourds ou de pure courtoisie, avec les neurosciences ou avec les autres formes d'investigation psychologique témoigne de cet isolement intellectuel et, par là même, du formidable oubli de la puissance critique de l'entreprise freudienne dont le but n'était pas d'ajouter une nouvelle science de l'âme aux psychologies existantes mais de décloisonner les champs du savoir, de la biologie jusqu'à l'anthropologie, par le recours à une nouvelle méthode d'investigation scientifique des faits de l'esprit humain. Non plus spéculer sur l'âme mais faire de celle-ci un objet d'études dont les conclusions convergeraient malgré la diversité de leurs domaines.

Relire Freud en philosophe, aujourd'hui, ce n'est donc pas seulement redonner de l'importance à la trame conceptuelle et théorique de ses inventions, ni s'intéresser simplement au sens de son projet mais surtout dialectiser ses thèses, les rediscuter à la fois pour elles-mêmes et en regard de perspectives différentes. L'enjeu est de rendre une visibilité aux idées directrices d'une pensée qui pourront, par-là même, se situer, s'enrichir ou s'affaiblir, au sein des débats philosophiques contemporains, tout particulièrement entre psychologie et neurobiologie mais aussi en des discussions plus larges relatives à la médecine, à l'esthétique ou à des théories du social, du politique ou du religieux.

Dans les articles qui suivent, le propos ne sera donc pas d'engager un échange spéculatif entre les thèses de la psychanalyse freudienne et celles des auteurs de la tradition philosophique, ni de prétendre établir entre elles une quelconque filiation. Il s'agira plus précisément d'une archéologie critique questionnant une pensée qui s'échafaude, déploie ses lignes de force et révèle, en même temps, ses hésitations, ses infléchissements et ses contradictions. L'intention est d'aborder l'œuvre de Freud non pas dans une cohérence supposée mais comme une cohésion qui se cherche. L'ambition est d'essayer de retrouver un mouvement de pensée là où, parce qu'il fallait fonder une discipline nouvelle, les idées ont rapidement dû se figer en de lourdes pierres de touche. Il est temps de relire Freud pour rendre vie à ses écrits qui, depuis longtemps, ne sont plus lus pour eux-mêmes. Il est temps de suspendre les schémas de lecture rétrospectifs pour prendre les textes au sérieux, les faire résonner ensemble et les laisser mettre à l'épreuve ce que l'on croyait avoir compris d'eux. Si la philosophie est l'acte critique par lequel un sens constitué est interrogé, rouvert, rendu à la possibilité de signifier autrement et d'être discuté à nouveaux frais, notre recueil n'a pas d'autre ambition que de réinvestir sur ce mode les écrits freudiens et, par conséquent, les vérités sur lesquelles la psychanalyse s'est construite.

x

La pensée de Freud est d'une singularité déroutante. Sa complexité exprime, certes, celle de son objet, mais aussi la manière dont la compréhension de celui-ci est sans cesse remise en jeu. Elle ne se déploie pas comme une intuition première qui s'élargirait ou s'infléchirait, se corrigeant de temps à autres. La psychanalyse freudienne ressemble davantage à un interminable chantier. Son inventeur n'a pas laissé derrière lui une doctrine mais des textes qui se font écho sans former une théorie formellement constituée. Le sens même de son invention clinique s'en trouve incertain et, en grande partie pour cette raison, la psychanalyse ne jouit pas, aujourd'hui encore, d'un statut facile à définir. En la distinguant de la psychologie comme de la médecine, en refusant autant de l'enfermer dans la science ou la technique que d'en faire une création littéraire ou mythologique, les psychanalystes sont tentés de revendiquer l'idée d'un caractère atypique, atopique, voire a-théorique, de leur discipline. Le travail analytique serait-il une expérience incapable d'être rendue intelligible par les moyens de la raison ? Laissons de côté les difficultés dans lesquelles une telle conception engage la psychanalyse quant à son statut au sein de l'institution médicale, de l'université et de la société tout entière. Intéressons-nous plutôt à ce que l'œuvre de son fondateur offre comme éléments de réponse à cette question. Car si la pratique analytique déconstruit bel et bien les formations de sens de ses patients, la psychanalyse elle-même n'a nullement pour vocation, aux yeux de son créateur, de s'abîmer dans l'illogisme des productions de l'inconscient et de renoncer à tout régime de rationalité.

Freud a inventé un protocole d'investigation psychologique, l'a solidarisé à un projet thérapeutique et a adossé le tout à une échafaudage métapsychologique. Ces trois éléments sont indépendants les uns des autres. Il n'est pas sûr, par exemple, que les psychanalystes contemporains soient encore nombreux à assumer la visée de la cure en termes de guérison c'est-à-dire de santé psychique. De la même façon, la métapsychologie freudienne a cessé d'être le cadre de référence exclusif à l'intérieur duquel la clinique analytique est conduite et interprétée. Freud avait toutefois lié ces trois éléments entre eux de façon ferme et déterminée. Son pari fut que la pratique de la cure, par ses résultats thérapeutiques, fonderait théoriquement ses intuitions métapsychologiques. Dans quelle mesure a-t-il estimé, sur la base de son expérience, que ce défi était relevé ? On sait que sa conviction a fini par s'émousser[1]. Mais tout au long de son itinéraire, et alors même qu'il était pleinement confiant en son travail, il témoigna d'une grande prudence dans ses recherches. Ainsi les preuves qu'il avança, dans le fameux débat sur l'existence de l'inconscient, furent largement programmatiques, esquissant davantage la façon dont les vérités analytiques allaient être validées avec le temps qu'énonçant des conclusions jugées d'ores et déjà scientifiquement suffisantes. Freud avait confiance dans le bien-fondé de ses découvertes mais restait lucide sur le fait qu'elles ne pouvaient être confirmées sur la base de ses seuls travaux ni même de ceux de ses premiers fidèles. Pourtant, en tant qu'héritière de l'invention freudienne, la psychanalyse s'est historiquement bâtie sur l'évidence d'une convergence *de*

[1] Voir sur ce point le dernier chapitre de l'ouvrage (Final).

facto entre le clinique, le théorique et le thérapeutique. Le projet fut pris pour sa réalisation. L'investigation devint institution. Les premiers psychanalystes et leurs héritiers considérèrent comme atteinte la terre promise de l'espoir freudien. Telle n'était pas la position de Freud lui-même.

C'est en reconnaissant à la psychanalyse son statut de legs problématique que l'on peut espérer rendre à la pensée de Freud son tranchant et sa puissance de questionnement. On cesse alors de l'accueillir comme un corps de vérités, révélées par une clinique nouvelle, pour y découvrir une œuvre ouverte, porteuse de questions bien plus précieuses que les réponses qu'elle a pu proposer. Esquissons très succinctement trois des plus générales de ces questions :

- comment penser la vie intérieure ?
- peut-on agir sur le cours de celle-ci ?
- existe-t-il une santé psychique ?

La première interrogation engage l'entreprise métapsychologique tout entière qui, par le jeu croisé de ses diverses métaphores mécaniques, parvient à parler de la vie psychique ou, tout simplement, de l'âme (*Seele*) sans jamais en faire une entité propre. C'est que l'« âme », pour Freud, n'est pas ontologiquement différente du cerveau : ce terme, aux apparences théologico-philosophiques, n'est, sous sa plume, qu'un concept opératoire, qu'une manière de parler de la réalité cérébrale sur la base de l'observation intérieure directe ou indirecte. Elle désigne un ensemble complexe de *modi operandi* établis par le biais de descriptions et de constructions qui ne sont que des échafaudages psychologiques provisoires. Le monisme matérialiste freudien implique que la psychanalyse soit en convergence avec la biologie ou ce qu'il est convenu d'appeler, de nos jours, les neurosciences : il n'y a entre elles qu'une différence de méthode. La métapsychologie n'a pas pour vocation de se substituer à la neurologie mais de formuler, par ses moyens propres, ce que cette dernière finira par découvrir, à sa façon, un jour.

La seconde question revient à se demander s'il existe des relations de cause à effet en l'âme, à quoi répond favorablement l'hypothèse psychanalytique de l'inconscient. Selon celle-ci, une causalité psychique opère non seulement au sein de l'activité de penser que la conscience révèle (raisonnements, désirs, images, sentiments ...) mais aussi en celle, de même nature, à laquelle il manque seulement la qualité d'être consciente et qui engage des contenus inconscients ou refoulés. L'ambition freudienne est de pouvoir influer sur la première en modifiant indirectement la seconde : les symptômes qui surviennent dans le cours de la vie consciente pourraient être supprimés par un travail du patient sur celles de ses pensées qui sont étroitement liées à des éléments refoulés. Mais cette réserve inconsciente de processus psychiques existe-t-elle vraiment? Peut-on concevoir en l'âme une causalité et si oui, peut-elle être autre que celle de la motivation consciente dont nous faisons communément l'expérience? L'inconscient a-t-il une réalité propre? En répondant par l'affirmative et en avançant ses preuves, fondées sur la réussite de sa technique thérapeutique, Freud prend position sans clore le débat.

Enfin l'idée d'une santé de l'âme, à laquelle on peut rattacher celle du rôle déterminant du facteur sexuel dans le développement psychique, se trouve au cœur de l'intention thérapeutique freudienne. Sans cette référence normative, on ne saurait comprendre, par exemple, la notion même de « névrose ». Mais jusqu'où la pensée freudienne adhère-t-elle à la perspective d'une guérison analytique? La question mérite d'être posée au regard des fréquentes analogies que Freud établit entre les formations psychiques normales et pathologiques, à l'échelle de l'individu comme à celle de la vie collective. Elle le mérite d'autant plus que la position freudienne évolue avec le temps et qu'en particulier la promotion du modèle œdipien change considérablement les données du problème[2]. Loin de nous apprendre clairement comment guérir l'âme, Freud nous offre bien plutôt matière et occasion de nous interroger sur la légitimité même de l'idée de maladie psychique et de celle, connexe, d'une médecine ayant pour tâche de les réduire.

L'héritage freudien, avec ses tensions et ses contradictions, ses avancées et ses impasses, donne bel et bien à penser et ouvre des perspectives de discussion. Là réside son potentiel philosophique, au sens critique que nous avons donné plus haut à ce terme. Mais toutes les questions que porte l'œuvre freudienne sont loin d'être originales et inédites. A côté de celles qu'elle engendre à proprement parler, il y a celles qui s'inscrivent dans l'actualité de contextes précis, scientifiques, médicaux, philosophiques ou culturels, dont l'oubli engendre l'illusion rétrospective d'une psychanalyse créée *ex nihilo* par le génie d'un seul homme. Questionner Freud en philosophe ne revient pas à le faire entrer dans le panthéon de vérités *sub specie aeternitatis* mais, au contraire, à interroger la pensée de son époque, à redécouvrir des *épistémés* en grande partie révolues. Cette démarche est facilitée aujourd'hui, pour les francophones en particulier, par une plus grande accessibilité des textes freudiens[3] et, plus généralement,

---

[2] Cf. Final.

[3] Il convient ici de saluer la traduction des Presses Universitaires de France qui, par sa systématicité, représente un progrès précieux pour la compréhension des textes freudiens par les lecteurs francophones.

par un certain nombre de travaux historiques qui nous font mieux connaître le milieu scientifique de leur production. Travaux qui permettent aussi, sur de nombreuses questions, en particulier d'ordre psychopathologique, de prendre la mesure de la distance qui s'est creusée entre l'événement psychanalytique et notre époque[4]. N'allons toutefois pas confondre philosophie et histoire des idées. Les lumières qu'apportent les enquêtes historiographiques ne trouvent leur véritable portée qu'en secondant l'effort d'appréhender de l'intérieur la cohérence et la dynamique même de l'œuvre qu'elles éclairent. C'est là la perspective à laquelle souscrivent les divers articles rassemblés ici.

xx

Les comptes rendus de cure sont sans doute les documents où se donne le mieux à voir comment la pensée freudienne s'élabore en même temps qu'elle s'applique. Qu'est-ce qu'un «cas» (*Fall*) freudien en effet? Nous tâcherons de répondre de façon précise à cette question dans le chapitre final. Mais nous pouvons, pour commencer, poser quelques jalons. En corrigeant peut-être, pour commencer, une idée fausse: loin d'être la mise à nu d'une personnalité, un cas est une construction complexe qui articule des éléments biographiques et des événements psychiques inconscients, la supposition des seconds permettant de relier et d'expliquer les premiers. Des développements théoriques y côtoient la présentation et l'interprétation d'informations factuelles particulières. Freud démêle, dénoue, dissèque et ce qu'il recompose, finalement, n'est ni une totalité individuelle singulière, ni une simple séquence narrative mais bien plutôt une sorte de composition baroque. Une épistémologie freudienne imaginaire pourrait prétendre trouver dans les études de cas les faits à partir desquels l'induction psychanalytique dégagerait ses vérités générales. Mais dans une telle dérivation scientifique, la base empirique serait bien étroite et éminemment sujette à caution. Freud ne s'efface en effet jamais devant les matériaux que lui livrent ses patients et qu'il accueille toujours depuis ses propres hypothèses. L'écriture freudienne du cas assume d'être largement liée aux processus de pensée de celui qui écrit. Etre en mesure de faire la part entre ce qu'impose la réalité et ce que le psychanalyste transfère sur elle, dans l'épaisseur même de la relation analytique, a toujours été une exigence revendiquée par Freud. Mais celui-ci n'a jamais pu aller jusqu'à proposer une méthode qui en garantisse la réalisation. Cette situation

[4] Pour ne mentionner que quelques noms associés à ce vaste chantier: A. I. Davidson ; J. Forrester ; H. F. Ellenberger ; M. Gauchet ; P. Gay; I. Hacking ; M. S. Micale ; E. Roudinesco ; F. J. Sulloway.

ne l'a toutefois pas troublé d'un point de vue épistémologique. Il n'est pas toujours en effet nécessaire, ni possible, en science, d'évoluer sur le terrain de l'objectivité. Quand il s'agit d'inventer un concept ou de construire un modèle, le rapport du théoricien à l'expérience est beaucoup plus lâche que quand il suffit d'appliquer à un ensemble de faits une théorie déjà constituée. Si, comme le pense Freud, la psychanalyse est une science *se faisant*, on ne saurait la soumettre aux critères d'objectivité d'une science *faite*. Ainsi la complexité empirico-théorique des cas freudiens, toujours à multiples foyers, tient à la démarche même de Freud qui ne s'étaye sur un sujet singulier que pour explorer une intuition, donner corps à une «*Einfall*», une trouvaille par laquelle s'ouvre une perspective métapsychologique ou psychopathologique nouvelle. Paradigme plus qu'exemple, le cas est une construction qui marque une étape dans un cheminement intellectuel. Aussi importe-t-il peu que le point de départ soit une observation de première ou de seconde main: l'enquête d'un tiers ou l'autobiographie peuvent suffire à nourrir une élaboration théorique qui ne s'appuie que très librement sur les faits. La création, artistique ou littéraire, a elle-même souvent guidé les investigations de Freud. Les œuvres de Sophocle ou Shakespeare, de Léonard ou de Michel-Ange, sont des échantillons spontanés de l'âme humaine comparables à ceux fournis par la clinique. A ce titre, les unes et les autres peuvent être érigées au rang de «cas» pour autant qu'elles peuvent faire avancer la connaissance psychanalytique. C'est à ce titre que le commentaire de Freud sur la *Gradiva* de Jensen figure dans ce recueil qui aurait pu également, pour la même raison, accueillir une contribution sur les textes consacrés au Moïse de Michel-Ange (Freud 1914) ou à la Sainte Anne de Léonard de Vinci (Freud 1910).

xxx

Universitaires pour la plupart, psychanalystes pour certains, les auteurs des articles rassemblés ici ont des parcours intellectuels variés et des nationalités diverses. Ils se retrouvent régulièrement, depuis plusieurs années, à Paris et à Louvain, dans le cadre du *Freudian Research Group*[5], pour lire et discuter ensemble des textes de Freud. La diversité des approches et des éclairages exclut tout projet d'enfermer la lettre freudienne dans une grille d'interprétation commune. A la faveur d'un dépaysement géographique qui extrait chacun de ses membres de ses horizons de pensée habituels et de ses positions institutionnelles, une liberté préside à ces échanges dont la fécondité

[5] Groupe de travail, sous la direction de Philippe Van Haute, affilié à la Société Internationale de Psychanalyse et de Philosophie.

philosophique se mesure aujourd'hui à la publication de cet ouvrage. Les contributions rassemblées ici n'obéissent à aucune vision d'ensemble, même si elles peuvent partager des vues communes[6]. Elles ne proposent pas davantage une présentation méthodique et académique des grands cas de Freud. Il s'agit d'études qui mettent au travail les textes et explorent les axes de questionnement qui les traversent. Elles s'inscrivent dans le parcours personnel de leur(s) auteur(s) mais se font aussi écho de multiples manières, parfois de façon contradictoire, témoignant des discussions auxquelles elles doivent parfois leur existence ou, à tout le moins, une part de leur contenu[7].

Dans le premier article, Beatriz Santos aborde, sous l'angle de la question sexuelle, l'étude consacrée à Dora, *Fragments d'une analyse d'hystérie* (1905). Son investigation souligne les tâtonnements de la théorie freudienne de la sexualité qui est loin d'être un modèle clair, découvert un jour pour être ensuite simplement appliqué. La pensée de Freud, sur ce point comme sur beaucoup d'autres, est un processus ouvert, une quête inachevée dont les résultats ont de ce fait, et à plus d'un titre, le statut de « fragment ».

Dans le chapitre suivant, Gilles Ribault s'appuie sur les analyses proposées dans *Le délire et les rêves dans la « Gradiva » de W. Jensen* (1907) pour tenter de cerner chez Freud les linéaments d'une problématique de l'amour, conçu dans sa différence avec la sexualité. L'horizon de cette recherche est de faire apparaître la nature proprement biologique, au sens précis que revêt ce terme sous la plume du psychanalyste, du phénomène érotique.

La troisième investigation, conduite par Herman Westerink, mène au cœur de la conception freudienne du religieux exposée dans *Totem et tabou* et révèle la manière dont celle-ci s'étaye sur le texte consacré au petit Hans publié quelques années plus tôt (*Analyse de la phobie d'un garçon de cinq ans*, 1909). L'auteur montre ainsi comment une étude de cas, loin de se réduire à un simple compte-rendu clinique, peut participer à l'élaboration d'une notion proprement métapsychologique, en l'occurrence, celle de projection.

---

[6] Leur principal point de convergence est sans doute la reconsidération critique de la place de la problématique de l'Œdipe dans la théorisation freudienne.

[7] Les articles peuvent être lus indépendamment les uns des autres.

Philippe Van Haute et Tomas Geysken proposent, dans le quatrième chapitre, une discussion critique de la façon dont Freud conceptualise l'agressivité dans *Remarques sur un cas de névrose de contrainte* (1909), texte qui met en scène l'Homme aux rats. Ils relèvent un décalage entre les données d'observation livrées par Freud et la façon dont celles-ci sont prises en charge par la théorie de la pulsion, pointant ainsi l'équivocité féconde du cas freudien qui excède toujours, par la richesse de ses matériaux, les conclusions qu'il met en avant.

Comparant la problématique freudienne à celle du psychiatre hongrois, L. Szondi, la contribution suivante représente un excursus dans notre investigation consacrée aux cas freudiens. Jens De Vleminck continue d'explorer le statut métapsychologique de l'agressivité, abordé par l'article précédent, au sujet de l'Homme aux rats. Mais il fait surtout apparaître, de façon générale, le point aveugle que produit, dans la réflexion freudienne sur ce thème, la primauté du facteur sexuel et du schéma œdipien.

La présentation du cas Schreber, plus exactement de *Remarques psychanalytiques sur un cas de paranoïa décrit sous forme autobiographique* (1911), proposée par Patrick Vandermeersch dans le sixième chapitre, donne à comprendre ce que doit cette publication aux échanges intellectuels très nourris, à cette époque, entre Freud et Jung. Elle fait saisir les fragilités des principales thèses métapsychologiques qui y sont exposées, en particulier sur la psychose et l'homosexualité, qui préfigurent déjà les impasses qui conduiront Freud à laisser inachevée sa première théorie des pulsions.

La dernière étude de cas examinée dans le présent recueil est consacrée à l'Homme aux loups, plus exactement à l'article intitulé *A partir de l'histoire d'une névrose infantile* (1914). Elissa Marder nous en présente une analyse qui fait du problème de la différence sexuelle et de son rôle dans la genèse fantasmatique de la sexualité humaine son foyer essentiel. Elle montre comment le jeu de substitution entre les figures animales et humaines exprime, dans le texte freudien, le statut proprement aporétique de la question de la sexuation.

Pour terminer, le final de ce recueil entreprend de réfléchir plus généralement sur le rôle de l'étude de cas au sein de la pensée freudienne. Plus précisément, il s'interroge sur sa disparition à partir du tournant des années 1920. Comprendre pourquoi, à partir d'une certaine étape de son cheminement, Freud cesse de recourir à ce mode d'investigation, permet de mieux saisir la fonction spécifique de cette démarche dans la période antérieure. Cette ultime enquête est l'occasion de rendre apparente l'évolution du rapport entre normalité et pathologie dans l'œuvre de l'inventeur de la psychanalyse.

Le cas Dora, un savoir en fragments

Beatriz Santos

Présentation

Dora n'est pas le premier cas de Freud. L'historiographie psychanalytique et Freud lui-même ont érigé la cure d'Anna O. en expérience clinique originelle, révélation première de l'inconscient psychique. Mais à l'époque d'Anna O. et des autres cas décrits dans les Etudes sur l'hystérie *(1895), Freud n'est pas encore en possession du socle métapsychologique sur lequel il élaborera son œuvre. Il n'est pas engagé dans la dialectique des hypothèses fondatrices autour desquelles vont se construire sa doctrine et son mouvement. Elisabeth von R., Emmy, Katherina ... ces premiers cas appartiennent à une préhistoire psychanalytique dont le témoin privilégié fut, par le biais de l'échange épistolaire, le médecin berlinois W. Fliess. La méthode associative est déjà installée mais ses effets thérapeutiques sont encore compris en termes d'abréaction. Surtout, le rôle de la sexualité dans la pathologie hystérique n'est pas affirmé fermement, comme il le sera avec la théorie de la séduction exposée dans l'*Esquisse d'une psychologie scientifique *(automne 1895). L'étiologie sexuelle des névroses restera toutefois mal assurée jusque dans* L'Interprétation du rêve, *où l'hypothèse d'une sexualité infantile est délibérément laissée à l'arrière-plan des analyses.*

Envisagée dans ce contexte, la contribution sur Dora, rédigée en 1901, constitue une œuvre charnière et peut être considérée comme le premier grand cas de Freud. Dans sa contribution, Beatriz Santos interroge la façon dont le texte freudien, intitulé Fragments d'une analyse d'hystérie, *rend compte des symptômes de la jeune fille et tâche de déceler l'idée de la sexualité qu'il présuppose. Comment les explications avancées se situent-elles par rapport à l'universalisation de l'hypothèse de la libido infantile, clairement soutenue par Freud, en 1905, dans ses* Trois Essais de la théorie sexuelle*? Dans le sillage des analyses de P. Van Haute et T. Geyskens, l'article soutient que le compte-rendu de la cure de Dora fait fond sur une théorie sexuelle organique que Freud mettrait en place à partir de l'année 1897. Elle nous invite également à réfléchir sur l'étape que représente cet ouvrage dans l'histoire de la technique de la cure et sur le sens du caractère «fragmentaire» de cette étude comme du savoir psychanalytique en général. «Tout savoir est une œuvre parcellaire», comme l'écrit Freud dans son étude sur Hans, qui laisse toujours «subsister un reste non résolu» (Freud 1909b: 89).*

G.R.

Dans la postface de *Fragments d'une analyse d'hystérie*, Freud énonce une orientation théorique qui est encore reprise aujourd'hui par la plupart des psychanalystes: «la sexualité est la clé du problème des psychonévroses, comme des névroses en général. Celui qui dédaigne cette clé ne sera jamais en mesure d'ouvrir quoi que ce soit» (Freud 1905e: 293). La compréhension des maladies comme l'hystérie requiert, aux yeux du psychanalyste, la considération du facteur sexuel: ne pas le prendre en compte reviendrait à s'interdire de faire de la psychanalyse. Mais de quelle sexualité parle Freud au moment de la rédaction de ce texte? Que sait-il de la sexualité lorsqu'il élabore le récit de cette analyse? Dans quelle mesure les théorisations qui précèdent la publication des *Trois Essais sur la théorie sexuelle* contiennent-elles déjà certains des concepts-clés de l'ouvrage de 1905? Ces questions sur les commencements de la construction de la notion freudienne de sexualité nous conduiront à rencontrer deux axes de questionnement: celui du statut de la disposition hystérique dans la monographie consacrée à Dora et, plus généralement, celui de la référence au «fragment» dans l'élaboration freudienne de l'étude de cas.

Rêve et hystérie

Au moment où il rencontre Dora, en octobre 1900, Freud vient de publier *L'Interprétation du Rêve*. Il souhaite écrire sur un cas qui lui permettrait de mettre en pratique les théories qu'il a développées dans cet ouvrage. Dans la préface à *Fragment d'une analyse d'hystérie*, il indique son intention d'appeler cet article *Rêve et Hystérie* puisqu'il s'agit d'un traitement où l'importance de l'interprétation des rêves se fait clairement remarquer de deux manières: d'un côté, l'analyse des deux rêves apportés par Dora est l'élément central de l'histoire du traitement ; d'un autre côté, cette interprétation permet à Freud d'élucider les symptômes en comblant certaines amnésies de la patiente. L'analyse de Dora confirme ainsi, aux yeux de Freud, l'importance du rêve comme voie d'accès à des contenus inconscients inatteignables autrement. En témoigne une lettre envoyée à Fliess le 25 janvier 1901 : «*Rêve et Hystérie* a été terminé hier, et aujourd'hui je suis déjà en manque de quelque chose capable de m'anesthésier. C'est un fragment d'analyse d'hystérie, où les éclaircissements se groupent autour de deux rêves, donc en fait une suite du livre des rêves. Par ailleurs, il contient des résolutions de symptômes hystériques et des aperçus sur le fondement organique-sexuel de l'ensemble» (Freud 1950a: 546, lettre 261).

Le premier des deux rêves examinés par Freud est un rêve récurrent dans lequel « dans une maison ça brûle » (Freud 1905e : 243). Le père de Dora est debout devant son lit et réveille sa fille qui doit s'habiller rapidement. Sa mère veut encore sauver son coffret à bijoux alors que son père lui dit qu'il ne veut pas que ses deux enfants, ainsi que lui-même, ne brûlent à cause de cet objet. Ils descendent et sortent de la maison. Dora se réveille. Pour Freud, le contenu caché du rêve est lié à une activité masturbatoire infantile. Dans le deuxième rêve, Dora se promène dans une ville étrangère. Lorsqu'elle rentre à la maison, elle retrouve une lettre de sa mère qui lui dit que, puisque Dora est partie de la maison à l'insu de ses parents, elle (la mère) n'a pas voulu lui écrire pour lui dire que son père était malade. Mais si elle le veut, elle peut revenir pour lui rendre visite. Dora demande où est la gare et obtient comme réponse : « cinq minutes ». Devant une forêt épaisse où elle pénètre, il y a un jeune homme qui lui dit : « Encore deux heures et demi ». Il veut l'accompagner, Dora lui dit non. Lorsqu'elle arrive chez elle, la concierge lui annonce : « Votre maman et les autres sont déjà au cimetière » (ibid. 273). Quant à ce deuxième rêve, Freud fait trois interprétations : il y voit, d'une part, la confirmation d'un état psychique de Dora, à savoir la « désirance maternelle d'avoir un enfant » (ibid. 273) ; d'autre part, le comblement d'une lacune de sa mémoire (l'existence d'une domestique à laquelle M. K. aurait fait des avances) ; enfin, une explication du symptôme de la jambe raide. La description du cheminement vers chacune de ces hypothèses constitue une grande partie de l'étude. Mais Freud décrit aussi la réaction de Dora à ces interprétations : « alors qu'après la conclusion de la seconde séance, j'exprimais ma satisfaction devant le résultat atteint, elle répondit dédaigneusement : « Qu'est-ce qui est donc sorti de là de si important ? » » (ibid. 273). Durant sa brève analyse, Dora était toujours en désaccord avec les interprétations freudiennes. Mais cela ne changeait rien à l'orientation que son psychanalyste donnait à son traitement[1].

La sexualité, un sujet délicat

Venons-en à un détail du jugement que Freud porte sur le bilan de cette cure. A la suite des lignes que nous venons de citer, s'adressant toujours à Fliess, il écrit, en parlant de son ouvrage : « Quoi qu'il en soit, c'est là la chose la plus subtile que j'aie écrite jusqu'ici, et elle produira un effet encore plus rebutant

[1] Ce qui étonne certains commentateurs du texte freudien, notamment ceux qui sont extérieurs à la psychanalyse. Voir, par exemple, C. Berheimer et C. Kahane (1990). Pour une approche proprement psychanalytique de cette question, voir Patrick Mahony (1996).

(*abschreckender*) que d'habitude» (Freud 1950a: 546, lettre 261). Freud s'attend à un effet «rebutant» dans la mesure où «les affaires sexuelles [y sont] discutées en toute franchise, les organes et les fonctions de la vie sexuée [y sont] désignés par leurs noms exacts» (Freud 1905e: 189). Et il continue: «je n'ai pas craint de traiter ce genre de thèmes en recourant à ce langage avec une toute jeune femme» (ibid. 189). Comment, dans le récit d'une cure, peut-on ne peut pas censurer les mots entendus au long de séances sans transgresser les règles de la bienséance encore valables dans le milieu scientifique viennois du début du XXème siècle? Dès la préface, avec tout le tact et la prudence de sa plume, Freud met en avant le devoir impérieux de la science de s'octroyer le droit de mettre à mal les règles d'usage. Devoir, également, vis-à-vis de ses patients ou de ceux qui souffrent des mêmes maux, et qui ont beaucoup à attendre des avancées de cette même science. Son texte est alors l'occasion de «justifier de sa pratique dans diverses directions et de ramener à des justes proportions les espoirs» qui l'accueilleront (ibid. 187).

L'assurance de Freud dans sa méthode, et surtout dans le fait que parler de sexualité à une patiente ne soit pas une manière d'assouvir ses propres désirs sexuels (ibid. 189) mérite d'être interrogée. Elle contraste avec l'inquiétude concernant le caractère «rebutant» de son texte, une inquiétude que nous nous proposons de lire d'une double manière. Certes, il y a, comme nous venons de le dire, le risque de l'indécence à aborder avec une jeune femme de dix-huit ans des thèmes directement sexuels. Mais il y a une autre dimension de cette réaction de malaise. A propos de la lecture du texte sur Dora, Freud insiste sur l'aspect insatisfaisant qu'elle peut avoir pour ceux qui ne connaissent pas l'art de l'interprétation des rêves. Le plus souvent, lire l'histoire d'une maladie ne parvient pas à convaincre mais bien plutôt à «déconcerter». C'est la réaction névrotique normale à ce qui n'est pas encore familier: effroi ou «déconcertement» (*Befremden*). L'analyse de Dora, comme toutes les analyses publiées par Freud, amène le lecteur à «admettre beaucoup de choses nouvelles» (ibid. 191). Or, dans la névrose, «le nouveau a toujours suscité déconcertement et résistance» (ibid.). Cette considération à propos de la possible réaction effrayée des lecteurs pourrait alors s'entendre comme une formation de défense conjurant une appréhension névrotique des matériaux livrés par Dora. Si, en psychanalyse, la névrose de l'analyste aide à déchiffrer celle de son patient, on peut voir dans les scrupules freudiens un effet de transposition: bien que convaincu que la psychanalyse, en tant que science, permet aux hommes d'atteindre le principe de réalité face au fait sexuel, Freud ne peut pas s'empêcher de prévenir ses lecteurs quant à l'effet de déconcertement («inhérent aux phénomènes de la névrose elle-même» (ibid.)) que la seule lecture de son texte peut avoir sur eux[2]. La particularité d'un texte psychanalytique, par opposition à un écrit sur la psychanalyse (qu'il soit philosophique, sociologique ou littéraire), est sans doute de faire passer en lui quelque chose de ce dont il parle sans l'objectiver parfaitement. Selon nous, le malaise causé par le récit du cas de Dora est de l'ordre de ce reste que la théorie analytique ne réduit pas : la dimension d'effroi propre à la névrose est ce qui rend le texte même rebutant et déconcertant aux lecteurs.

La théorisation de la sexualité avant 1905

Dans un texte sur Charcot et l'histoire de la psychiatrie à l'âge moderne, Mark S. Micale souligne que « la période entre 1870 et 1910 témoigne d'une expansion créative de la théorisation psychologique sans précédent en Europe et aux États-Unis. C'est la période de la génération fondatrice de la psychologie, de la psychiatrie et de la psychothérapie modernes, et les sciences de l'esprit y ont assumé les formes théoriques et professionnelles par lesquelles on les reconnaît aujourd'hui » (Micale 2001 : 116). Les théories sexuelles de Freud sont une partie importante de cette expansion créative des sciences cliniques. Mais que disent-elles exactement en 1901 ?

Dans le texte originel de la *Traumdeutung*, Freud fait référence au bonheur de l'enfance, qui « ne connaît pas encore le désir sexuel » (Freud 1900a : 165). Mais cela ne veut évidemment pas dire que la sexualité infantile n'est pas encore connue de Freud. En effet, nous savons que, dès 1896, Freud a affaire aux matériaux sexuels remontant à l'enfance de ses patients. Et, tout au long de l'année 1897, la correspondance avec Fliess avance des esquisses de concepts qui feront partie de son grand texte sur la sexualité infantile, ainsi que de sa théorie sexuelle de façon générale. Par exemple, dans une lettre du 14 novembre 1897, Freud décrit ses dernières découvertes sur le fonctionnement de la libido (Freud 1950a : 203). Rédigé quelques années avant les *Trois Essais*, ce texte peut se lire comme une première ébauche du texte de 1905, avec la

[2] Cet effet sera décrit par Pierre Fédida comme l'effet *transformateur* de l'écriture psychanalytique qui n'est pas de l'ordre de la simple illustration clinique, comprise comme une utilisation d'exemples tirés de la pratique analytique n'engageant pas la pensée de l'analyste sur son propre travail et se contentant d'orner les propos tenus par son auteur (Fédida 1992 : 9). Il pense bien plutôt à une élaboration écrite capable de communiquer « l'activité même de la construction de l'analyste dans la cure avec le symptôme (ici lui-même concevable comme réserve énigmatique de construction et puissance de transformation de modèles métapsychologiques) » (ibid. 9).

présentation de quelques-unes de ses notions centrales. Il indique des aspects d'une théorie de la sexualité qui n'est pas encore aboutie, mais dont nous pouvons déjà deviner les contours.

Tout d'abord, Freud y présente le parcours normal du refoulement de la libido en termes d'une conséquence de l'abandon de zones sexuelles non-génitales. Au long de son développement, les régions anale et bucco-pharyngienne perdent leur statut de siège de décharges sexuelles au profit de l'investissement des zones génitales. Le développement normal - ou, dans les mots de Freud, «le progrès évolutif» – de l'enfant est compris comme cet investissement des organes génitaux (au détriment de l'investissement de la bouche et/ou de l'anus). L'existence des zones érogènes, ainsi que la variabilité de leur importance au long d'une vie, est affirmée dès 1897: «A l'âge infantile, la déliaison sexuelle n'est pas encore aussi localisées qu'elle le sera plus tard, de sorte qu'ici aussi ces zones abandonnées plus tard (peut-être toute la surface du corps aussi) suscitent d'une certaine manière quelque chose qui peut être analogue à la déliaison sexuelle ultérieure» (ibid. 354). Les zones qui orientent la vie sexuelle d'un sujet ne sont pas toujours les mêmes au long de son existence. Et, à la naissance, cette idée même d'orientation n'a pas de sens, puisque toute la surface du corps est susceptible d'être investie sexuellement. C'est ce que Freud appellera plus tard, dans ses *Trois Essais sur la théorie sexuelle*, la prédisposition perverse polymorphe infantile. Cette lettre de 1897 contient également une réflexion sur la temporalité particulière à l'œuvre dans la création du symptôme, notamment le symptôme hystérique – à savoir, le fait qu'une action qui a lieu dans l'enfance reçoit plus tard une décharge sexuelle bien plus forte par «l'après coup du souvenir»[3].

Ces trois thèmes (l'existence des zones érogènes, la prédisposition polymorphe et l'effet après coup du souvenir), nous les retrouvons dans l'analyse de Dora. Ils représentent des morceaux de la théorie sexuelle sur lesquels Freud s'appuie pour comprendre et expliquer le travail réalisé avec sa patiente. Ces futurs éléments qui feront partie des *Trois Essais sur la théorie sexuelle*, Freud les introduit dans sa monographie à des lecteurs qui ne les connaissent pas encore et qui ne seront donc peut-être pas entièrement convaincus par les arguments avancés en faveur d'une causalité psychosexuelle de l'hystérie. Mais Freud n'a pas non plus l'intention de proposer une démonstration du rapport causal entre les événements qui ont eu lieu dans la vie de Dora et ses

[3] «Si l'on a irrité un enfant sur ses organes génitaux, il se produit des années plus tard, par l'après coup du souvenir de cela, une déliaison sexuelle beaucoup plus forte qu'à l'époque parce que l'appareil prépondérant et le montant de sécrétion ont grandi entre- temps» (Freud 1950a: 355).

symptômes: la conviction, si elle doit se produire, ne peut pas se passer du propre travail du lecteur. C'est une limite de la communication du récit d'une analyse: l'efficacité de l'argumentation entretient un rapport problématique avec le travail de la cure[4].

A cette limite inhérente au travail analytique se conjugue, dans *Fragment d'une analyse d'hystérie*, l'état encore fragmentaire de la théorie sexuelle elle-même en 1900. Dans les cas présentés après 1905, Freud se référera directement aux explications données dans les *Trois Essais*. Dans *l'Analyse de la phobie d'un garçon de cinq ans* (1908), lorsqu'il décrira pour la première fois le fait que le petit Hans considère que sa sœur a un petit pénis qui va grandir, Freud renverra à la section « La recherche sexuelle infantile » des *Trois Essais*. Et l'analyse de la signification donnée aux excréments par l'Homme aux Loups – à savoir, l'excrément comme un cadeau de l'enfant, ou « une partie du corps dont on se dessaisit en faveur d'une personne aimée » – fera référence au passage sur l'activité de la zone anale des enfants (Freud 1918b: 79). Faute de pouvoir s'étayer sur les acquis métapsychologiques de 1905, l'analyse du cas de Dora ne repose que sur deux piliers: l'interprétation de rêves et la mise en avant des causes psychosexuelles de son hystérie. Une métapsychologie des rêves existait déjà. Mais la théorie sexuelle, en 1901, est encore en attente d'une systématisation conceptuelle.

Les conditions organiques de l'hystérie, l'hérédité et la notion de « disposition »

Freud aurait-il pu traiter le cas Dora différemment si son appareil notionnel avait été plus développé? Cette question, à laquelle il est évidemment impossible d'apporter une véritable réponse, accompagne pourtant les lectures de ce texte depuis longtemps[5]. Un tel débat peut se justifier par au moins deux raisons. La première est que Freud lui-même présente Dora comme une analyse non réussie. Selon ses mots, « la cure ne s'achevât [pas] par cette amélioration qu'il s'agit habituellement d'atteindre et qui est reconnue par le

[4] Ainsi la préface insiste-t-elle sur la portée limitée de son récit: « Celui qui n'a pas voulu croire jusqu'ici à la validité générale et sans exception de l'étiologie psychosexuelle de l'hystérie n'arrivera guère à cette conviction en prenant connaissance d'une histoire de malade ; il fera mieux de différer son jugement jusqu'à ce qu'il ait acquis *par son propre travail* le droit d'avoir une conviction » (Freud 1905e: 193).

[5] Voir Mahony 1996, Berheimer & Kahane 1990 ainsi que la critique faite par Hélène Cixous (Cixous 1975a: 79 et suiv. ; Cixous 1975b).

malade et les siens, amélioration qui se rapproche plus ou moins d'une guérison complète» (Freud 1905e: 294). Cet aveu d'échec nous amène à imaginer les voies par lesquelles un autre résultat aurait pu être atteint. La seconde est que l'aveu fait par Freud, à la fin de son récit, selon lequel il «n'a pas su deviner à temps ni communiquer à la malade que la motion d'amour homosexuelle (gynécophile) pour Mme. K était le plus fort des courants inconscients de sa vie d'âme» (ibid. 299) est souvent tenu pour une preuve de la difficulté freudienne à savoir écouter ses patientes femmes.

Plutôt que de proposer une nouvelle lecture de la cure de Dora, intéressons-nous à la manière dont Freud indique lui-même plusieurs chemins théoriques possibles à partir de ses observations. En marge des thèmes qui deviennent centraux au fur et à mesure qu'évolue la théorie psychanalytique, chaque texte freudien ouvre en effet plus de pistes qu'il n'en suit. Dans l'analyse de Dora, la discussion sur les conditions organiques de l'hystérie ne représente qu'une voie parmi d'autres.

Dans la présentation du cas, Freud annonce son intention d'interroger, outre les évidences somatiques du trouble hystérique de Dora, la valeur relationnelle que les symptômes peuvent avoir. Il souhaite analyser ce qu'il appelle la «nature des choses» psychanalytiques: «De la nature des choses qui constituent le matériel de la psychanalyse, il s'ensuit que dans nos histoires de malades nous devons porter autant d'attention aux rapports purement humains et sociaux où se trouvent les malades qu'aux données somatiques et aux symptômes de la maladie» (ibid. 198). L'étude sur Dora est ainsi l'occasion, pour Freud, de reprendre certaines hypothèses concernant la relation entre les conditions organiques et les enjeux familiaux dans l'hystérie. Les premières descriptions de sa jeune patiente, avant le début de la cure, font référence à l'importance de l'aspect héréditaire de sa maladie. Freud avait connu son père quatre ans avant le début du traitement. A cette occasion, il lui avait recommandé une «énergique cure antisyphilitique» qui avait guéri de sa maladie (ibid. 199). Il a aussi rencontré une tante de Dora souffrant d'une «forme grave de psychonévrose, sans les symptômes caractéristiques d'une hystérie» (ibid. 198) ainsi que l'un de ses oncles, un «célibataire hypocondriaque» (ibid. 198).

La question du rôle de l'hérédité avait déjà été rencontrée en 1896 dans l'article *L'hérédité et l'étiologie des névroses*[6]. Pour Freud, les dons, la maturité

[6] «Quant à l'hérédité nerveuse, je suis loin de savoir évaluer au juste son influence dans l'étiologie des psycho-névroses. Je concède que sa présence est indispensable dans les cas graves, je doute qu'elle soit nécessaire pour les cas légers, mais je suis convaincu que l'hérédité nerveuse à elle seule ne peut pas produire les psychonévroses, si leur étiologie spécifique, l'irritation sexuelle précoce, fait défaut. Je vois même que la question de savoir laquelle

intellectuelle, ainsi que la prédisposition à la maladie, appartenaient à l'héritage de Dora (Freud 1905e: 200). Ce qui ne veut pas dire que l'hystérie soit, à ses yeux, une maladie héréditaire. Dans une longue note, Freud affirme qu'il ne pense pas que l'hérédité soit «l'unique étiologie de l'hystérie». Néanmoins, il précise: «Je ne voudrais pas, compte tenu justement des publications antérieures [...], donner l'impression que je sous-estime l'hérédité dans l'étiologie, ou que je la tiens pour absolument superflue» (ibid. 201). L'importance des facteurs accidentels dans la formation des symptômes n'est pas indépendante du facteur inné ou constitutionnel. Il y a une charge morbide suffisante venant de la famille qui, dans l'hystérie, s'associe aux causes proprement circonstancielles.

Cette mention de la maladie de la famille révèle un indice important de l'état de la théorie freudienne de l'hystérie au moment où Dora est analysée. Comment devient-on hystérique pour le Freud de 1901? Dans une relecture récente du cas Dora, Philippe Van Haute et Tomas Geyskens reviennent sur ce qu'ils décrivent comme l'étiologie spécifique de l'hystérie (Van Haute & Geyskens 2012). Leur travail analyse l'importance de la réalité psychique et des productions fantasmatiques dans la cure de Dora et la confronte à l'explication œdipienne qui lui est traditionnellement donnée. Leur propos est de réévaluer le statut de l'Œdipe dans l'œuvre freudienne, et tout particulièrement dans l'examen de l'hystérie de Dora. Selon leur thèse, entre 1895 et 1905, Freud a développé une théorie de l'hystérie qui n'est pas centrée sur les enjeux œdipiens, ce que confirme l'absence de références au complexe d'Œdipe dans le texte sur Dora[7]. Les deux auteurs soutiennent qu'«entre 1897 et 1905, la théorie de la névrose de Freud se caractérise par un nombre de déplacements dans les relations entre facteurs accidentels et facteurs constitutionnels dans l'étiologie spécifique de l'hystérie» (Van Haute & Geyskens 2012: 27. Nous traduisons).

Devient-on hystérique à cause d'une expérience traumatique accidentelle ou est-on prédisposé à l'hystérie de par sa constitution? Selon Van Haute et Geyskens, au moment où il reçoit Dora, Freud aurait tranché en faveur de l'hypothèse de la prédisposition et verrait l'hystérie comme une tendance

des névroses, hystérie ou obsessions, se développera dans un cas donné, n'est pas jugée par l'hérédité mais par un caractère spécial de cet événement sexuel de la première jeunesse» (Freud 1896a: 120).

7 Il n'y a qu'une seule référence à la *fable* de l'Œdipe dans tout le texte: «J'ai exposé ailleurs [dans *l'Interprétation du rêve*] avec quelle précocité s'affirme l'attraction sexuelle entre parents et enfants, et j'ai montré que la fable d'Œdipe doit vraisemblablement être comprise comme élaboration poétique de ce qui est typique de ces relations» (Freud 1905e: 236).

incurable qu'il faut envisager comme une prédisposition essentielle, et non pathologique, de l'existence humaine. Ils soulignent que ce n'est pas tant la problématique œdipienne qui oriente l'hystérie de Dora, mais plutôt celle de la bisexualité. Ses symptômes se lient à la prédisposition originellement bisexuelle c'est-à-dire à la possibilité d'avoir des hommes et des femmes comme objet d'amour avant la mise en place de l'organisation œdipienne. Insistant sur l'amour de Dora pour Monsieur K[8], Freud est peu porté à entendre ce que Dora dit de son amour pour Mme. K. ni de son l'attirance pour un «corps d'une blancheur ravissante» (Freud 1905e: 241). Une telle tentative réitérée d'affirmer l'hétérosexualité de Dora est, certes, en partie orientée par le contexte culturel, comme l'ont souligné les critiques de l'œuvre freudienne auxquelles nous avons déjà fait référence. Mais ce n'est pas uniquement son incapacité à considérer que Dora soit lesbienne qui empêche Freud de lire ses désirs sous une autre perspective que celle de l'Œdipe. Selon Van Haute et Geyskens, l'enjeu est aussi de «se protéger de la dissolution structurelle des identités de genre qui résulte de la disposition générale à la bisexualité» (Van Haute & Geyskens 2012: 58). Freud tient à affirmer que Dora a un désir identifiable (pour un homme) dont la source est connue: l'amour pour son père. Or cette certitude est incompatible avec l'hypothèse bisexuelle.

Fragments d'une conclusion

Il y a donc trois raisons de considérer le cas Dora comme fragmentaire. La première découle du fait que ce récit s'appuie sur une théorie de la sexualité qui n'est pas encore pleinement élaborée par Freud (les *Trois Essais* ne paraîtront que cinq ans plus tard). La seconde est qu'il s'agit d'un texte marqué par l'opération de transformation que caractérise la fabrication des concepts en psychanalyse. Le projet freudien d'établir des relations univoques entre causes et effets de la sexualité demandera toujours à être accompagné du «propre travail» du lecteur. C'est pourquoi un récit psychopathologique ne peut pas répondre à toutes les questions qu'il soulève (Freud 1905e: 193). La troisième raison est le fait que l'analyse de Dora n'est pas arrivée à son terme: «le traitement ne fut pas poursuivi jusqu'aux buts préalablement fixés, mais fut interrompu par la volonté de la patiente lorsqu'un certain point fut atteint. A cette époque, quelques énigmes du cas de maladie n'étaient pas encore abordées du tout (...). Je ne puis donc offrir ici qu'un fragment d'analyse» (ibid. 191). La

8 «Elle manifestait, en étant malade, son amour pour M. K, tout comme la femme de celui-ci manifestait son aversion» (Freud 1905e: 219).

cure précocement interrompue de Dora oblige Freud à présenter un matériel « mutilé » qui doit alors être complété pour pouvoir analyser, comme le fait un archéologue qui reconstruit les pièces retrouvées dans un terrain de fouille.

Mais au-delà de ses trois raisons particulières, factuelles pour deux d'entre elles, suggérons-en une plus générale. Freud ne recourt-il pas à la notion de fragments pour mettre en avant une nouvelle manière de présenter ses interprétations ? Dans ses premières cures, le travail analytique consistait à partir des symptômes et à essayer de les « résoudre » les uns après les autres. C'est ce que nous voyons, par exemple, dans les *Etudes sur l'hystérie*. Néanmoins, l'analyse de Dora a lieu après le « bouleversement fondamental » de la technique qui fait passer Freud de l'hypnose à la technique de l'association libre (Freud 1905e: 192). La conséquence de cette nouvelle technique est le « désordre » des matériaux travaillés, un matériel « morcelé, entrelacé dans divers contextes, et réparti sur des époques très éloignées les unes des autres » (ibid.). Il ne s'agit plus d'« amener en pleine lumière le souvenir de l'épisode occasionnant [le symptôme hystérique] » (Freud 1895d: 279), mais plutôt de fournir des constructions qui rendent ces fragments compréhensibles à l'analysant – et aussi au lecteur. L'analyste doit désormais « compléter ce qui est incomplet ». A la fragmentation des contenus s'ajoute celle des schémas interprétatifs et d'une élaboration théorique elle-même flottante.

Cette description de l'analyse en termes de travail fragmentaire ne doit toutefois pas être mise en opposition absolue, mais bien plutôt relative, à l'idée de totalité. En effet, lorsque Freud décrit les fragments d'une analyse, chacun de ces morceaux témoigne d'une unité. Ils ont une valeur en eux-mêmes et peuvent être considérés pour eux-mêmes. S'il est vrai que chacun d'eux s'éclaire lorsque Freud les situe dans une « vue d'ensemble », nous devons aussi considérer que cette vue est, elle aussi, fragmentaire par rapport à la cure psychanalytique prise dans sa totalité. Plus encore : toute analyse finie peut être envisagée comme le fragment de l'expérience d'un analyste et d'un analysant. Cette mise en abyme révèle que, même lorsqu'elle est « finie », une analyse ne devient jamais une totalité achevée : tout analysant, comme tout analyste, garde la capacité à réviser et à modifier ses certitudes concernant l'interprétation ou l'explication d'un matériel quelconque. Cette perspective dialectique s'ébauche au sein des mouvements de pensée de Freud dans son investigation sur Dora et font eux-mêmes écho à ceux que nous sommes nous-mêmes amenés à effectuer pour lire et comprendre cette étude de cas plus de cent ans après sa publication.

Références bibliographiques

Berheimer, C. & Kahane, C. (1990) : *Dora's Case. Freud, hysteria, feminism*. New York, Columbia University Press, 1990.

Cixous, H. (1971) : La déroute du sujet, ou le voyage imaginaire de Dora dans Littérature, n° 3, 1971.

Cixous, H. (1975) : *Portrait de Dora (théâtre)*. Paris, Des femmes.

Fédida, P. (1992) : *Crise et contre-transfert*. Paris, P.U.F., 1992.

Freud, S. (1895d)* : *Etudes sur l'hystérie*. Œuvres Complètes, vol. II, Paris, P.U.F., 2009.

Freud, S. (1896a) : *L'hérédité et l'étiologie des névroses*. Œuvres Complètes, vol. III, Paris, P.U.F, 1989.

Freud, S. (1900a) : *L'Interprétation du rêve*. Œuvres Complètes, vol. IV, Paris, P.U.F., 2003.

Freud, S. (1905e) : *Fragment d'une analyse d'hystérie*. Œuvres Complètes, vol. VI, Paris, P.U.F, 2006.

Freud, S. (1909b) : *Analyse de la phobie d'un garçon de cinq ans*. Œuvres Complètes, vol. IX. P.U.F. 1998.

Freud, S. (1909d) : *Remarques sur un cas de névrose de contrainte*. Œuvres Complètes, vol. IX, Paris, P.U.F, 1998.

Freud, S. (1918b) : *A partir de l'histoire d'une névrose infantile*. Œuvres Complètes, vol. XIII, Paris, P.U.F, 1988.

Freud, S. (1950a) : *Lettres à Wilhelm Fliess*. 1887-1904, Paris, P.U.F, 2006.

Mahony, M. S. (1996) : *Freud's Dora. A psychoanalitic, historical and textual study*, New Haven, Yale University Press, 1996.

Micale, M. S. (2001) : Jean-Martin Charcot : From Medicine to Culture in French Trauma Theory of the Late Nineteen Century dans Traumatic Pasts : History, Psychiatry, and Trauma in the Modern Age, sous la direction de M. S. Micale et P. Lerner, Cambridge, Ed. Cambridge University Press, 2001.

Van Haute, P. & Geyskens, T. (2012) : *A Non-Oedipal Psychoanalysis? A Clinical Anthropology of Hysteria in the Works of Freud and Lacan*, Leuven, Leuven University Press, 2012.

* La lettre situe l'ouvrage dans la chronologique des publications de l'année mentionnée.

L'amour sur la pointe des pieds
Réflexions sur l'amour et la vie dans la *Gradiva* de Freud

Gilles Ribault

Présentation

Les personnages de la littérature ne sont que des êtres de papier. Leur consistance psychologique, aussi dense soit-elle rendue par l'art de l'écrivain, n'égale jamais celle d'une personne réelle. Pourtant, à plus d'un égard, l'intrigue romanesque peut nous en apprendre sur la psychologie humaine. C'est dans l'ouvrage intitulé Le délire et les rêves dans la « Gradiva » de W. Jensen *que Freud développe, pour la première fois, l'idée d'une grande proximité entre l'artiste et le psychanalyste : « Nous puisons vraisemblablement à la même source, travaillons le même objet, chacun de nous avec une méthode différente, et la concordance du résultat semble garantir que nous avons travaillé tous les deux correctement » (Freud 1907a : 123). Non pas que le poète détienne une quelconque science de l'âme, ni qu'il projette sur son personnage sa propre psychologie : il jouit plus exactement d'une liberté intérieure qui lui permet d'exprimer, en contournant l'autocensure morale ou logique, des connexions et des matériaux qui relèvent du régime de penser inconscient. Ainsi le personnage central de la nouvelle de Jensen, Norbert Hanold, est-il bien une invention, une chimère. Mais ses traits et son délire donnent à comprendre ce qu'est l'amour avec une clarté et une élégance que ni l'expérience personnelle, ni l'enquête empirique ne sauraient égaler. La littérature lit à livre ouvert en l'âme humaine dont la compréhension est ordinairement brouillée par les effets du refoulement.*

L'article qui suit tente d'expliquer pourquoi Freud, en 1906, se laisse inspirer par la question de l'amour. Contrairement à une idée répandue, l'importance accordée au facteur sexuel n'exclut pas, dans la psychanalyse freudienne, la reconnaissance du phénomène amoureux comme tel c'est-à-dire comme sui generis *et non comme une expression dérivée ou masquée de la sexualité. Pour établir ce point, l'investigation devra dépasser le cadre de l'étude sur la* Gradiva. *Elle s'appuiera sur une perspective ouverte dans la publication posthume intitulée* l'Esquisse d'une psychologie scientifique (1895) *et que l'on retrouve, reformulée, à travers la réflexion sur l'Eros, à partir de 1920. L'amour, comme puissance psychique et biologique, tel qu'il est introduit dans* Au-delà du principe de plaisir, *n'est pas une saillie soudaine dans l'esprit de Freud : il est ce même amour déjà décrit, quatorze ans plus tôt, dans la libre psychanalyse du cas du personnage de Jensen.*

La littérature ne cesse de nous répéter que, même quand il prend finalement un tour tragique, Eros est toujours un chemin vers un plus-de-vie, vers une vitalité retrouvée ; il fallait bien que la psychanalyse médite cette leçon. Quelle plus belle occasion de le faire que l'histoire d'un homme qui sort enfin de ses livres et se remet à vivre grâce à un étrange coup de foudre ?

G.R.

«There's language in her eye, her cheek, her lip,
Nay, her foot speaks»

Shakespeare (*Troïlus and Cressida*)

Le délire et les rêves dans la « Gradiva » de W. Jensen est la première monographie freudienne consacrée à une œuvre littéraire[1]. Publiée en 1907, l'étude se présente comme le commentaire d'une courte nouvelle écrite par l'écrivain allemand Wilhelm Jensen (1837-1911), publiée en 1903, et intitulée *Gradiva, fantaisie pompéienne.* Freud prétend donner, dans cet ouvrage, un nouveau prolongement aux analyses de *L'Interprétation du rêve*, texte publié en 1900. Que sont les fictions romanesques si ce n'est, écrit-il, que des rêves qui n'ont jamais été rêvés (1907a: 43)? Mais l'enjeu véritable de cette publication est celui de la nouvelle de Jensen elle-même, à savoir, l'amour. Pourquoi ce thème? Le contexte peut aider à répondre.

Environ deux ans plus tôt, dans les *Trois Essais sur la théorie sexuelle*, Freud reconnaissait pour la première fois l'universalité de l'éveil érotique infantile, élargissant la notion de sexualité au-delà de sa stricte expression génitale. Que devient la sexualité dès lors que l'acte d'union physique n'est plus son unique manifestation? La réponse souvent avancée par Freud consiste à faire correspondre l'extension du sexuel à celle du concept commun d'amour: «Nous employons le mot sexualité dans le même sens englobant que la langue allemande le mot «*lieben*»» (Freud 1910k: 209)[2]. Mais le rapprochement ne

---

[1] Freud a pu prendre connaissance de cette nouvelle par l'intermédiaire de W. Stekel mais, d'après E. Jones, c'est C.G. Jung qui le sollicita à écrire quelque chose à son sujet (Jones 1961: 362). Dans une lettre au psychiatre zurichois (27 F), il évoque le plaisir avec lequel il a rédigé son ouvrage ainsi que la satisfaction qu'il tire du résultat: «Je savais que le petit travail méritait l'éloge» (Freud & Jung 1975a: 101). Freud estime que son ouvrage «n'apporte rien de neuf pour nous» mais, ajoute-t-il, «je crois qu'il nous permet de nous réjouir de notre richesse» (ibid. 101).

[2] Réciproquement, Freud regroupe «sous le nom d'amour les multiples composantes de la pulsion sexuelle» (Freud 1907a: 121).

va pas de soi et le sens du mot «amour» n'est pas mieux déterminé dans la langue. Le flottement persiste donc. Les termes de «psychosexualité» (ibid. 209), de «libido», puis d' «Eros» sont les marqueurs lexicaux d'une instabilité notionnelle qui va s'installer durablement au sein de l'œuvre freudienne. Quelle différence entre l'amour et la sexualité? Cette question, laissée en suspens par le chantier des *Trois Essais*, pourrait être la raison pour laquelle Freud lit avec intérêt et plaisir la nouvelle de Jensen dont le sujet principal est l'amour. Un amour névrosé, certes, mais l'on sait que la pathologie est, pour Freud, la voie qui conduit à la compréhension de la normalité. L'intrigue de la *Gradiva* met en effet en scène une passion amoureuse très éloignée de son mode d'accomplissement ordinaire puisqu'il s'agit, pour l'essentiel, d'un amour pratiquement inexistant et invisible aux yeux même de l'intéressé: un amour refoulé. Qu'est-ce qu'un amour qui n'est pas vécu comme tel, dont les élans ne sont pas reconnus pour ce qu'ils sont et ne s'adressent à aucun destinataire en chair et en os? En quoi peut-on dire qu'un amour inconscient est encore de l'amour? Et surtout: dans quelle mesure s'agit-il encore de sexualité?[3]

Freud ne répondra jamais explicitement à ces questions, ni dans la *Gradiva*, ni ailleurs. Mais son œuvre fournit, en revanche, plus d'un élément de réponse. La démarche n'y est pas de développer des idées dans une clarté toute conceptuelle mais de construire, sous différents angles, un même objet de pensée: l'âme ou l'appareil psychique. Pour comprendre ce qu'est l'amour pour Freud, il faut, par conséquent, recouper ce que les diverses investigations freudiennes nous révèlent des différents régimes psychiques de ce vécu.

I

Le cas Norbert Hanold

Partons de l'œuvre de Jensen et du «fait psychologique fondamental» qu'elle met en scène. Il s'agit du singulier coup de cœur qu'un jeune docteur en archéologie ne vivant qu'à travers ses travaux universitaires connaît subitement pour un bas-relief antique. Ce dernier représente une jeune femme au profil grec en train de marcher. Le regard légèrement incliné vers le sol, elle retient sur

3 Dans l'étude sur Dora, Freud affirme que les symptômes névrotiques «sont, pour le dire sans ambages, l'activité sexuelle des malades» (Freud 1905e: 294).

ses hanches les pans de sa toge pour faciliter sa progression[4]. Le positionnement des pieds attire tout particulièrement la curiosité du héros : tandis que l'un deux est posé à plat, le talon de l'autre est encore levé et d'une façon telle que la ligne du cou-de-pied est presque à la verticale des orteils en appui sur le sol. Alors que la sculpture n'est qu'une vulgaire copie et ne présente aucun intérêt scientifique particulier, elle stimule les réflexions du savant qui se prolongent en des rêveries sur les origines et sur le lieu d'habitation de cette jeune femme à l'élégante démarche, nommée par son admirateur « Gradiva » : en latin, celle qui avance. L'objet devient ainsi le foyer d'une intense activité fantasmatique que Freud range sous la rubrique du « délire » (*Wahn*). Mais loin d'enfermer le protagoniste dans l'intériorité de la folie, ces divagations l'entraînent en une quête confuse et inquiète au sein du monde extérieur.

Dévoilons-en un peu plus sur l'intrigue de la nouvelle de Jensen. Alors que sa capacité à aimer est, au début du récit, largement atrophiée, le jeune archéologue, par ses extravagances et ses pérégrinations en Italie, finit par rencontrer une jeune femme avec laquelle s'entame une véritable histoire d'amour. Freud souligne que dans cette romance, ce sont les délires et les rêves de Norbert Hanold qui, tout en représentant le retour d'un refoulé infantile, créent les conditions de leur propre résolution et, plus encore, d'une guérison, d'un dépassement du refoulement névrotique lui-même[5]. Mais le plus étonnant est que cet étrange enthousiasme de l'universitaire pour son bas-relief est, aux yeux de Freud, de nature érotique : « l'engouement de notre héros pour le bas-relief de sa Gradiva n'était-il pas un état amoureux à part entière, orienté toutefois vers un passé dénué de vie ? » (Freud 1907a : 57)[6]. Que la nouvelle se termine en un *happy end* amoureux n'est pas une facilité d'écrivain. Eros est présent à la fin parce qu'il est déjà là dès le début et qu'il ne fait jamais, durant le récit, que changer de forme. La *Gradiva*, pour Freud, n'est autre que l'histoire d'une victoire de l'amour sur la névrose. Tout le paradoxe y est de faire d'un délire névrotique un acte d'amour. S'agit-il de

---

4 W. Jensen s'est procuré cette reproduction à Munich en croyant avoir affaire à une œuvre romaine. Il s'agit probablement, comme le précise Freud à la fin de sa monographie, d'une sculpture d'origine grecque que l'on peut contempler aujourd'hui encore au musée Chiaramonti du Vatican. Freud s'était procuré un exemplaire du moulage qu'il avait placé au pied de son divan (Pontalis 1986 : 14).

5 Freud, en 1907, limite cette thèse au cas où le refoulé est un sentiment amoureux (Freud 1907a : 87). Il ouvre ainsi la tâche de penser le processus d'un retour de refoulé agressif et non érotique. Ce sera un des axes d'investigation de ses analyses dans *Remarques sur un cas de névrose de contrainte*, publication relative à une cure entamée environ un an après la rédaction de l'ouvrage sur la nouvelle de Jensen.

6 Plus loin : Norbert Hanold est « tombé amoureux d'une image de pierre » (Freud 1907a : 71).

redonner vie à l'idée commune d'une proximité entre l'état amoureux et la folie ? Comment peut-on aimer un être de pierre ? Pour répondre, il nous faut examiner cette étonnante idylle de plus près.

Un amour de pierre

Il s'agit donc d'un attachement soudain à une oeuvre d'art qui ne représente aucun intérêt artistique ou historique particulier. Sans raison apparente, la présence de cet objet est nécessaire à son propriétaire qui ne se lasse pas de le contempler. Mais cela ne suffit pas. L'image sculptée réclame encore que l'on s'occupe d'elle par des voies détournées. Elle pousse Hanold à s'intéresser à l'anatomie de la démarche des femmes qu'il voit passer dans la rue. Elle prend vie dans l'un de ses rêves : elle marche dans les rues de Pompéi, s'assoit sur les marches d'un temple, s'y allonge et, pour finir, se fait ensevelir par les cendres du Vésuve, reprenant alors l'apparence figée d'un être minéral. Au réveil de cet épisode onirique, l'envie vient au jeune homme de se rendre en Italie. Comme un somnambule, le héros se lance alors sur les traces de celle que son rêve réanima juste le temps de la faire mourir une nouvelle fois.

Loin d'être le destinataire inerte d'un amour unilatéral, la Gradiva noue une sorte de dialogue avec son admirateur par l'intermédiaire de lieux et de choses que, de proche en proche, l'imagination de l'archéologue lui rattache : le pied des autres femmes – Rome/Naples – Pompéi – une jeune fille rencontrée sur le site de Pompéi. Que l'être aimé soit de pierre ou de chair, l'amant fait rayonner sa présence à travers tout ce qu'il peut rattacher à son existence. En cela consiste le délire propre à tout état amoureux. Cette nature irradiante d'Eros, névrosé ou non, fait de son vécu une expérience relationnelle, se déployant en réseaux autour de foyers multiples, intérieurs mais aussi extérieurs, conscients et inconscients.

Ainsi, dans le cas de la névrose, contrairement à celui de la psychose, la libido ne perd pas son rapport à l'objet et devient seulement un « érotisme en sommeil » (ibid. 83)[7]. Chez notre héros, elle s'est repliée sur un domaine

[7] Freud distingue fermement le délire amoureux de celui de la psychose. En 1915, dans ses écrits métapsychologiques, il caractérisera en effet cette dernière comme une tentative de rétablir un lien libidinal avec la réalité à travers les tentatives, vouées à l'échec, de reconstituer le lien perdu à l'aide du seul usage des mots. Dans le cas de Norbert Hanold, il récuse tout diagnostic grave comme la paranoïa, l'« érotomanie fétichiste » ou la dégénérescence. De tels jugements sont considérés comme « malvenus » et « infructueux » (Freud 1907a : 79). Si Hanold avait été psychotique, ses rêves l'auraient en effet enfermé dans sa chambre et ne l'auraient jamais conduit en Italie.

très restreint et exclusif: les marbres et les bronzes de l'Antiquité[8]. Toutefois, même refoulé, l'amour continue, depuis l'inconscient, à vouloir se donner des objets substitutifs au sein de la réalité. Tout le processus exposé par la nouvelle de Jensen correspond à l'abolition progressive d'une restriction que la névrose imposa à une idylle d'enfance du héros. Il s'agit d'un réveil, d'une restauration de l'amour par lui-même. Toute la dynamique psychique du protagoniste repose sur le « combat entre la puissance de l'érotisme et les forces qui la refoulent » (ibid. 83). Hanold incarne une folie salvatrice. Délire, certes, mais délire curateur que l'on retrouve toujours, à des degrés divers, en toute expérience amoureuse.

II

L'amour revenant

L'amour ne renaît toutefois pas sans l'aide de l'autre. Que serait-il en effet arrivé à Norbert Hanold si, à Pompéi, l'être réel en lequel s'incarnèrent rapidement ses fantaisies, n'avait pas su l'écouter ni lui répondre avec patience ? L'amour de l'archéologue aurait-il pu renaître si le hasard romanesque n'avait pas mis, à la place de la femme de pierre, une personne en chair et en os qui l'aimât ? L'apparition du fantôme de Gradiva, sous son identité réelle, Zoé Bertrang, vient résoudre un état de crise que les seules ressources psychiques de Norbert Hanold n'auraient probablement pas pu surmonter (ibid. 101). Ce dernier ne reconnaît pas immédiatement sa jeune voisine qui fut aussi, autrefois, une compagne de jeu. Durant toute la séquence pompéienne de la nouvelle, on assiste au transfert progressif d'un amour imaginaire à un amour pour une personne réelle. Processus délicat auquel participe de façon déterminante le propre désir amoureux de Zoé avec une intelligence toute intuitive et une assurance quasi instinctive.

Quand le jeune homme en vient à apercevoir Gradiva, dans la maison de Méléagre, sans que le lecteur puisse savoir, à cet instant du récit, s'il s'agit d'un spectre ou d'une hallucination, il se produit entre les deux personnages une série de rencontres et d'échanges. Hanold s'adresse à elle, puis la recherche quand elle disparaît, poussé mystérieusement par une « désirance d'amour »

[8] Contrairement au cas de Léonard de Vinci, celui d'Hanold ne correspond à aucune sublimation créatrice et ne repose que sur un refoulement névrotique qui finit par être surmonté.

(ibid. 119) c'est-à-dire un désir d'aller toujours plus loin dans la mise en présence de celle qui a pris la relève des images oniriques et sculptées. S'adressant pour la première fois à cet être dont il ne sait pas lui-même s'il surgit des poussières de l'Antiquité ou des brumes de son imagination, il exprime un souhait au moment où elle s'éloigne : « Reviendras-tu demain à l'heure de midi ? ». Freud souligne « la nature érotique de cette demande » (ibid. 55) : l'amour est, à ses yeux, une exigence de présence.

A cet appel, la supposée Gradiva répond avec un zèle étonnant que le lecteur de Jensen ne comprend qu'à la fin de la nouvelle. Dans la façon dont elle écoute et questionne Hanold, elle fait preuve, commente Freud, « d'une curiosité aux aguets et d'un désir de savoir » (ibid. 56). Elle se prête aussi et surtout à son délire en lui montrant, par exemple, sa démarche et la cambrure de son pied. Elle entretient également l'ambiguïté quant à son identité quand elle affirme : « je me suis habituée depuis longtemps déjà à être morte » (ibid. 56. Voir aussi 102, 116).

La seule amorce du dialogue aura d'ailleurs suffi à changer le regard du jeune universitaire, jusqu'alors très acerbe, sur les jeunes mariés, sur les grotesques « Margot » et « Auguste » qu'il avait croisés sur sa route vers Pompéi. Dans la Casa del fauno où il dîne le soir de son entrevue « merveilleuse », en voyant s'embrasser un couple d'amoureux, une réaction de sympathie s'impose à lui. Pour la première fois, le baiser cesse de représenter, à ses yeux, un acte dénué de sens : « Curieusement, écrit Freud, ce spectacle n'éveilla à présent en lui rien d'autre que du contentement et, tout effarouché, comme s'il avait troublé des dévotions secrètes, il se retira sans être vu » (ibid. 61). Tels sont les premiers effets de l'apparition de Gradiva : l'amour refoulé du protagoniste se réincarne à distance, par personnes interposées, et trouve en cette identification une puissance accrue. L'exigence de présence se précise : le dialogue amoureux va rapidement réclamer le langage des corps.

Quand Eros ouvre les yeux

Il va s'agir là des deux étapes cruciales du processus qui ramène Norbert Hanold à la raison. Il s'agit tout d'abord du partage d'une collation : elle lui offre « la moitié d'un petit pain blanc, enveloppé dans du papier de soie, dont elle consomme elle-même l'autre moitié avec un visible appétit » (ibid. 61). La sortie du délire est mentionnée quelques lignes plus loin[9]. Une question posée par l'apparition fait naître chez le jeune archéologue le désir de comprendre

[9] « La raison se redressa en lui, entraînant dans le doute tout le délire » (Freud 1907a : 61).

qui est cet être qu'il prend pour la Gradiva: «J'ai l'impression qu'une fois déjà, il y a deux mille ans, nous avons mangé notre pain ensemble. Tu ne te rappelles pas?» (ibid. 61). Par ce trait d'humour dans la façon d'évoquer un souvenir d'enfance commun, Zoé endosse activement le rôle de Gradiva tout en continuant d'assumer son statut de femme réelle et contemporaine. Elle réinsère le maillon délirant de l'image féminine du bas-relief dans une séquence temporelle historique: amitié d'enfance – Gradiva – Zoé Bertrang. Mais toute l'efficacité de cette phrase tient en réalité à sa chute interrogative: Zoé se glisse dans la dynamique amoureuse de Norbert *par le biais d'un questionnement*. Elle n'est pas seulement là, elle s'adresse à lui. Elle hérite du personnage de Gradiva mais en sortant celui-ci de sa distance et de son mutisme. Ce que l'amour, tapi en l'âme du jeune archéologue, attendait, n'était pas seulement un double, enfin réel, du souvenir amoureux refoulé mais un être qui puisse répondre à cette attente en actualisant cette réponse par sa parole ou sa conduite. Un lien vivant avait été rompu et demeurait en souffrance, réduit à la revendication répétitive et solitaire de sa reprise. L'amour est le moment de ce réveil, de la renaissance d'un échange entre un objet réel et des images mnésiques d'un partenaire d'autrefois. Aussi consiste-t-il toujours, en lui-même, en un phénomène aussi superficiel qu'essentiel: un pur jeu de miroir par lequel s'accomplissent deux désirs symétriques d'être là l'un pour l'autre. L'amour n'a pas d'autre vocation que de rétablir cette compréhension mutuelle qui remonte à cette époque où les «je t'aime», les regards, les sourires et les gestes se répondent, entre l'enfant et ses proches, en un jeu d'échos sans fin.

Ainsi comprend-on qu'en même temps qu'il découvrit le sens amoureux des baisers que se donnent les Margots et Augustes, le jeune archéologue s'est mis aussi en situation de saisir la sensualité que peut revêtir l'acte de partager sa nourriture: «Ses dents parfaites brillent alors entre ses lèvres et produisent un léger craquement quand elle mord la croute» (ibid. 61). Manger peut être l'actualisation solitaire d'une pulsion d'autoconservation ; mais lorsqu'il est partage avec l'être aimé, le repas entre dans le jeu spéculaire d'Eros où l'acte de l'un répond à celui de l'autre.

Une belle chute

Grâce à cette Cène inversée, prélude d'une vie enfin terrestre, Hanold s'échappe du dialogue imaginaire avec la Gradiva, ou ce qui s'apparentait à cette dernière, pour le poursuivre avec un être de chair. Les substituts et dérivatifs névrotiques n'ont plus de raison d'être. L'image du bas-relief peut enfin retourner à son monde de pierre. La raison de notre héros retrouve l'initiative. Ses yeux s'ouvrent enfin et reconnaissent en son interlocutrice sa camarade d'enfance (ibid. 72). Pour couronner cette guérison, Jensen fait passer ses deux protagonistes par la porte d'Herculanum où, à la faveur d'une complicité discrète, l'archéologue et la jeune femme rendent un dernier hommage au défunt délire auquel ils doivent leur idylle naissante : « Norbert Hanold s'arrête et prie la jeune fille de le précéder. Elle le comprend et, « relevant un peu sa robe de la main gauche, la Gradiva rediviva Zoé Betrang s'avance – enveloppée comme en rêve de ses regards pénétrants – sur les pierres piétonnières vers l'autre côté de la rue, de sa démarche calme et alerte dans l'éclat du soleil » » (ibid. 74). L'accomplissement érotique rend le héros sensible à la beauté de l'amour, ou à la beauté tout court pour autant que dans la perspective freudienne, l'esthétique est toujours en connexion étroite avec l'érotique[10]. Ayant recouvré les capacités de jouissance et d'accomplissement de la vie, Hanold peut finalement apprécier la beauté du pied de Zoé en surmontant les inhibitions qui, il y a encore peu, l'auraient empêché de seulement le regarder : « Avec le triomphe de l'érotisme se voit désormais reconnu ce qu'il y avait de beau et de précieux même dans le délire » (Freud 1907a : 74). La beauté ici ne réside pas dans une courbure de pied mais dans le fait que ce pied emboîte le pas à celui de Norbert. La marche de la Gradiva a cessé d'être solitaire.

Freud est touché par cette savoureuse ultime péripétie. Tout lecteur, dont les aspirations érotiques ont forcément été inhibées de quelques façons par un refoulement infantile, ne peut que s'identifier au personnage et ressentir avec lui, en cette situation romanesque, l'effet psychique de cette connivence finale. La beauté, pour Freud, ne tient pas aux choses mêmes mais à la conjonction par laquelle leur apparence se trouve connectée à une image intérieure fortement investie. La jouissance esthétique est l'indice d'un transfert érotique. Comme l'art du poète, l'amour lui-même nous met « en état de jouir désormais sans reproche ni honte de nos propres fantaisies » (Freud 1908e : 171). Aimer est ainsi pour Freud une dynamique où chacun trouve en l'autre l'occasion d'une réponse vivante à la puissance questionnante de ses attentes pulsionnelles : vitales, sexuelles (stricto sensu), tendres et intellectuelles (curiosité érotique). La force qui unit deux êtres se fonde sur le fait que chacun joue et réinvente le rôle de la Gradiva de l'autre.

---

10 « Il me semble indubitable que le concept de « beau » s'enracine dans le sol de l'excitation sexuelle et signifie à l'origine ce qui stimule sexuellement (les « attraits ») » (Freud 1905d : 90).

Un modèle thérapeutique ?

En plus d'une contribution à la question de l'amour, le cas de Norbert Hanold représente aussi une mise en perspective, pour Freud, du statut du protocole de la cure. Quand Zoé entre en scène, c'est, écrit Freud, « en tant que médecin » (Freud 1907a: 11). Toute la fine maïeutique de la jeune femme représente un modèle pour le travail analytique qui se doit, lui aussi, mais dans un cadre artificiel, de faciliter la dynamique amoureuse œuvrant en tout refoulé. Zoé Bertrang est celle par qui le délire va à la fois s'accomplir et se défaire. Elle incarne la position paradigmatique de l'analyste : le cas de la Gradiva est « le cas idéal auquel la technique médicale ne peut atteindre » (ibid. 121). Cette comparaison comporte en effet des limites. La résolution de l'amour névrotique du protagoniste aurait-elle été possible en dehors d'une réciprocité amoureuse ? Le psychanalyste ne pouvant guère déjouer le délire érotique de son patient en accomplissant celui-ci (pour des raisons affectives et éthiques évidentes), peut-il alors espérer le guérir ? Freud répondra à cette difficulté en développant la notion d'« amour de transfert ». Mais cette réponse est-elle à la mesure du problème ? Nous reviendrons plus loin sur cette question mais il nous faut, à présent, retrouver notre interrogation initiale, celle des statuts de l'amour et de la sexualité dans l'œuvre freudienne, ce qui va nous conduire à prendre quelque recul avec le texte de 1907.

III

Amour et / ou sexualité

On réduit souvent la psychanalyse à une théorie du désir ou de la pulsion. L'amour serait le grand absent de l'œuvre de son fondateur. Freud privilégierait unilatéralement la sexualité. Cette critique, aussi ancienne que la psychanalyse elle-même, repose sur un sérieux point aveugle : distinguer en suivant l'opinion commune, la sexualité de l'amour, revient à postuler que la première est indépendante du second. Le sexuel serait premier parce que primaire et primaire parce qu'organique. L'amour, lui, ne serait qu'une forme adoucie, détournée, du premier. Or si un tel réductionnisme était bel et bien sa position, pourquoi Freud ne l'assumerait-il pas pleinement ? Pourquoi nous parlerait-il autant de l'amour, au point, à partir de 1920, de faire de l'Eros un principe métapsychologique à part entière ? Si la sexualité, sous sa forme sensuelle érogène, était un facteur indépendant, pourquoi établir l'équivalence que nous signalions plus haut, entre elle et l'amour? Que cette mise en correspondance entre les deux termes brouille le sens de chacune d'elle et que cela soit source d'embarras, nous l'avons souligné. Mais cette gêne ne doit pas masquer l'essentiel: Freud repense radicalement *et* la sexualité *et* l'amour sans faire de l'un le principe caché, l' «infrastructure», de l'autre. L'accusation de pansexualisme revient ainsi à prêter à Freud une conception de la sexualité comme instance autonome que précisément il conteste. Ce contresens occulte l'intérêt majeur d'une problématique qui inverse la perspective commune en faisant du sexuel une des formes d'expression de l'amour. Pour dissiper ce malentendu, essayons de mettre en évidence, dans le texte sur la *Gradiva*, les formes d'expression de cet amour indépendant de la sexualité.

D'un panérotisme

Tout fait retour (*Wiederholung*, *Wiederkehrung*), dans l'âme freudienne, le meilleur comme le moins bon : derrière le symptôme se cache une compulsion à la répétition ; la vie sexuelle et l'état amoureux sont toujours portés par la réminiscence de matériaux infantiles ; le travail psychique réélabore et raffine le réveil d'éléments inconscients. Ces transformations dynamiques ne se distinguent pas seulement par leur tempo, par leur rythme qui est plus brutal, plus heurté dans l'irruption du symptôme que dans le cas de l'éveil érotique. Elles correspondent aussi au fait que ce qui revient est, par son contenu, plus ou moins modifié. La réactualisation psychique est d'autant plus répétitive et compulsive qu'elle est isolée et non élaborée ; la vocation des pulsions est de s'élever, par la liaison de leurs matériaux, à une composition plus harmonique. Plus l'âme crée, innove, plus elle s'éloigne des retours intempestifs du refoulé, provoquant les fausses notes et les silences pesants du refoulement.

D'où vient cette temporalité plus ou moins répétitive de la vie psychique? Qui donne le la de cette musique intérieure? Faut-il concevoir l'âme comme un automate musical? Un piano mécanique dont la manivelle serait tournée par des tensions organiques? Toute l'œuvre freudienne, et tout particulièrement l'étude consacrée à la *Gradiva* de Jensen, nous apprend que le jeu des affections humaines n'est jamais sans destinataire. C'est dans l'échange, en réponse aux sollicitations de l'extérieur, que la dynamique inconsciente s'actualise. La psyché n'est pas une monade mais une dyade, une aspiration à l'accord avec l'autre, accord sexuel s'il engage la jouissance des corps, accord d'amour pour autant que les satisfactions sont de pure tendresse. La différence entre l'amour et la sexualité s'estompe dès lors que toute la dynamique psychique se comprend comme une recherche d'unisson avec l'autre. Sur les touches des passions et des pulsions humaines, c'est toujours Eros qui fait ses gammes.

Une âme aux portes et fenêtres toutes ouvertes

Que l'âme soit, pour Freud, toujours ouverte sur le monde extérieur et tout particulièrement en échange avec les autres et de façon plus nourrie encore avec un être aimé, en témoigne, dans *Le délire et les rêves dans la « Gradiva »* ..., l'épisode du rameau d'asphodèle. Notre jeune archéologue fait un rêve le jour qui suit sa deuxième rencontre avec la Gradiva. L'analyse que Freud fait des pensées de ce songe conduit à trois étonnantes conclusions. Tout d'abord, l'idée d'une intention séductrice de la jeune pompéienne à l'égard du rêveur serait partie prenante du rêve. Précisons que Norbert Hanold n'a au moment de l'épisode onirique, nulle conscience de l'identité de la jeune femme qu'il tient encore pour un fantôme. Quant à imaginer que ce revenant puisse être amoureux de lui, il est alors bien loin de pouvoir concevoir une telle chose. D'où peut donc lui venir cette idée? La source de cette pensée secrète serait la compréhension *inconsciente* des brèves paroles que l'apparition échangea avec une jeune femme qu'elle semblait connaître (ibid. 107-108). Ensuite, la relation de parenté entre Gradiva et un vieil homme, chasseur de papillons, rencontré dans l'après-midi aurait été également devinée inconsciemment au point de refaire surface, déformée, dans le contenu du rêve (ibid. 108). Enfin, de façon tout aussi aveugle, Hanold aurait compris que la Gradiva logeait à l'auberge du Soleil alors même qu'au moment où il fait ce rêve, il la croit encore sortir de quelque sépulture cachée (ibid. 110-111). Ces trois conclusions reviennent à reconnaître à l'inconscient une activité de raisonnement en prise directe et permanente sur les événements du monde extérieur. La conscience n'est pas le seul lieu d'échange avec l'autre, ni même le lieu privilégié en matière de compréhension de ce qui arrive[11]. Ainsi jusque dans ses « profondeurs » inconscientes, l'âme freudienne continue de répondre aux informations qu'elle reçoit de l'extérieur.

Cette relation à l'autre, constitutive de l'âme, n'est pas un simple fait aux yeux de Freud : elle répond aussi à une exigence. Nous avons rappelé, un peu plus haut, cette idée importante de la psychopathologie freudienne selon laquelle le délire représente un échec dans la tentative de renouer un lien perdu à la réalité. Ce besoin impérieux de trouver un exutoire réel aux

[11] C'est ainsi, en conclut Freud, « que dans tout délire se loge également un petit grain de vérité » (Freud 1907a : 112).

tensions induites par des souvenirs érotiques infantiles est le moteur de toute conduite amoureuse. Les délires de Norbert Hanold l'agitent sans qu'il comprenne qu'il est en quête de quelque chose qu'il ne chercherait pas hors de lui s'il ne le portait pas en lui. A mesure que sa «désirance amoureuse» se réveille, sous l'impulsion de l'acquisition du bas-relief, le refoulement s'y oppose, produisant un malaise intérieur croissant qui le force à s'éloigner de chez lui et à partir pour l'Italie. Lorsqu'il arrive à Pompéi, il se trouve dans «un état de confusion et d'incohérence totales» (Freud 1907a: 101) qui, sans l'intervention providentielle de Zoé, l'aurait logiquement conduit à une issue proprement pathologique. La maladie, pour Freud, correspond précisément à tous les détours et dérivatifs que l'âme peut produire quand le «besoin d'amour» (*Liebesbedürfnisses*: Freud 1907a: 119 ; ou *Liebesbedürfdigkeit*: Freud 1912b: 108) ne trouve aucun répondant dans la réalité extérieure[12]. C'est pourquoi la névrose ne saurait être dépassée autrement que dans une expérience relationnelle réelle où l'amour réprimé se libère et s'accomplit enfin. C'est bien ce qui arrive avec Zoé, parfaitement disposée à prendre le relai des investissements érotiques refoulés de son ancien compagnon d'enfance. Mais, comme nous l'avons déjà évoqué plus haut, il n'en va pas de même pour le thérapeute qui, écrit Freud, «a été un étranger et doit s'efforcer de redevenir un étranger après la guérison» (Freud 1907a: 121)[13].

Peut-on guérir sans amour?

Ce statut singulier de la cure est régulièrement souligné par Freud qui ne relève pourtant jamais vraiment la réelle difficulté qu'elle recèle. Par sa technique, le psychanalyste doit en effet faire sortir le patient du délire et des affects qu'il transfère sur sa personne pour libérer des capacités affectives dont la vocation, on vient de le montrer, est de s'accomplir *dans la vie réelle*, avec de véritables interlocuteurs. Cela veut dire que, dans le meilleur des cas, la cure ne saurait à proprement parler guérir: elle ne fait, au mieux, que rendre possible une guérison par la vie elle-même. Dans le cours d'une analyse, le processus de sortie du délire rend seulement au sujet sa «capacité amoureuse» (ibid. 121). Mais qu'est-ce qu'une «capacité amoureuse»? Un besoin non encore satisfait

12 «L'individu était en bonne santé aussi longtemps que son besoin d'amour était satisfait par un objet réel du monde extérieur» (Freud 1912c: 119).

13 Freud s'en tiendra toujours à cette position ascétique qui l'opposera, sur la question de la conduite de la cure, à Ferenczi. Dans une célèbre lettre de 1931 (1207 F), il réaffirme cette orthodoxie clinique en réponse aux innovations du psychanalyste hongrois qui orientent la cure vers un dispositif d'échange d'égal à l'égal où domine la tendresse et l'empathie: «les satisfactions érotiques sont à refuser au patient» (Freud & Ferenczi 2000a: 479).

mais susceptible de l'être un jour, non durablement empêché par des obstacles *intérieurs*? Mais une telle situation de potentiel érotique non résolu, donc en souffrance, n'est-elle pas par définition pathogène? Entre l'amour refoulé et l'amour en acte, la tierce position d'une simple «capacité» à aimer a-t-elle un sens? Freud, imaginant des fins alternatives à celle que Jensen donne à sa nouvelle, reconnaît lui-même que si l'histoire s'était terminée par une simple prise de conscience de l'identité réelle de la Gradiva, c'est-à-dire par une clarification seulement intellectuelle, Hanold prenant congé de la jeune dame avec courtoisie, l'histoire aurait manqué de vraisemblance. Si le héros parvient à s'affranchir radicalement de sa confusion mentale, c'est qu'il aime enfin quelqu'un qui l'aime en retour. Ce sont les yeux d'une autre qui ouvrent les siens. Freud en convient: «nous n'avons pas à mettre la modification survenant chez Hanold au seul compte du renoncement au délire» (ibid. 119). Ce renoncement, par un simple processus de parole et de pensée, est pourtant bien tout ce que la cure peut offrir alors même qu'elle a mobilisé de puissants affects en liaison avec la personne du thérapeute, affects qui restent donc en souffrance. La compréhension intellectuelle peut-elle suppléer une entente affective? Le besoin d'aimer peut-il rester sur sa faim sans produire de nouvelles défenses, donc de forts risques de formations névrotiques? Le programme de la cure serait-il encore, en 1907, celui énoncé dans les *Etudes sur l'hystérie*: transformer une «misère» (*Elend*) en un «malheur (*Unglück*) commun» (Freud 1895d 332)? Mais la différence entre ces deux états est-elle si claire?[14]

IV

Revenons, pour finir, à notre principale hypothèse selon laquelle l'amour n'est pas réductible à la sexualité. Les aventures de Norbert Hanold à Pompéi viennent de nous apprendre à envisager la névrose comme un amour empêché, comme une position psychique où fait défaut la dialectisation du «besoin d'aimer». Allons plus loin, à présent, pour tenter de caractériser psychologiquement ce qu'est l'expérience amoureuse. Il nous faut pour cela circuler plus largement dans l'œuvre de Freud.

[14] Il n'est pas impossible de trouver en cette faiblesse de la problématique freudienne une des raisons pour lesquelles, dans les années qui suivent la publication du texte sur la *Gradiva*, le refoulé sera systématiquement articulé par Freud à un complexe paternel agressif: avec la promotion de l'hypothèse œdipienne, l'efficacité du transfert se fonde en effet davantage sur le réveil de motions hostiles que sur celui de dispositions érotiques. Le transfert négatif est plus compatible avec la cure et son issue (la séparation avec l'analyste) que son pendant érotique.

De l'amour comme sublimation

Avant même que la psychanalyse ne le dise à sa façon, la vie avait appris au commun des mortels que les histoires d'amour se nouent souvent sur fond de ressemblances, d'équivoques et d'étranges résurrections où est parfois retrouvé sous un visage aimé celui d'un amour antérieur[15]. Le caractère essentiel de tout état amoureux, dans le langage freudien, « consiste en rééditions de traits anciens » et en « répétitions de traits infantiles » (Freud 1915a : 208). Mais les choses ne sont pas si simples. Si l'amour n'était que répétitions, redites et bégaiements, il ne serait que maladie. Qu'il ne soit pas loin d'en être une est bien l'avis de Freud quand il évoque « son caractère marqué de contrainte, évoquant le pathologique, qui provient de son conditionnement infantile » (ibid.)[16]. Mais aimer n'est pas seulement ressasser, c'est aussi inventer. Dans un passage de l'étude consacrée à Dora, *Fragment d'une analyse d'hystérie*, Freud introduit pour la première fois la notion de « transfert » (*Übertragung*) dans son acceptation proprement psychothérapeutique. Dans ce contexte, il fait appel au terme de « sublimation » pour désigner le travail de prise en charge de motions sexuelles par des constructions verbales et, plus particulièrement, celui de la réélaboration de fantaisies en nouveaux contenus, plus ou moins créatifs : « Il y a des transferts (…) qui dans leur contenu ne se différencient absolument pas de leur prototype, au remplacement près. Ce sont donc, pour nous en tenir à notre comparaison, de simples réimpressions, des rééditions non modifiées. D'autres transferts sont fabriqués avec plus d'art, ils ont connu une atténuation de leur contenu, une sublimation, comme je dis, et sont même capables de devenir conscients, en s'étayant sur une quelconque particularité réelle, habilement utilisée, touchant la personne du médecin ou empruntée aux circonstances de sa vie. Ce sont donc des éditions revues et corrigées, et non plus des réimpressions » (1905e : 295). Il y a « sublimation », au sens donné ici à ce terme, quand, au lieu de la reproduction d'une ancienne fantaisie, ou de motions qui lui sont liées, ces matériaux se reproduisent sous la forme de nouvelles élaborations fantasmatiques à partir d'éléments fournis par des interlocuteurs de la vie réelle. C'est le degré de réélaboration originale qui mesure, au sein des productions de la fantaisie, la part de sublimation.

En quoi consiste cette sublimation à l'œuvre dans l'amour de transfert ? Elle se réalise, nous disait simplement Freud en 1905, à travers « une relation

[15] Voir la célèbre lettre de Descartes à Chanut (6 juin 1647) où le philosophe évoque son premier amour et la façon dont il a pesé sur ses choix amoureux ultérieurs.

[16] Freud affirme que « l'état amoureux habituel, en dehors de la cure analytique, rappelle davantage les phénomènes animiques anormaux que ceux qui sont normaux » (Freud 1915a : 209).

actuelle à la personne du médecin » (ibid.). Le texte de la *Gradiva* permet d'aller plus loin : la sublimation amoureuse, en général, est le processus relationnel par lequel une contrainte intérieure, en se médiatisant dans la relation à un autre actuel, se dépasse en se donnant une transposition inédite. Ainsi Hanold peut-il s'attacher érotiquement aux traits de la jeune femme qu'il redécouvre sous le soleil de Pompéi, parce que, dans le dialogue avec elle, celle-ci offre son corps, ses gestes, sa voix et ses mots comme nouveaux motifs d'élaboration pour son besoin d'aimer. Zoé, en montrant son propre pied, présente un substitut à l'investissement libidinal de celui de la Gradiva. L'amour transfère l'intensité érotique d'images inconscientes au corps perçu de l'être aimé et à tout ce qui s'y rattache[17]. Là réside la possibilité du dépassement indéfini de ses propres contenus. La sublimation amoureuse assure ainsi le changement, le renouvellement et tout ce qui déjoue les répétitions qui appauvrissent et étouffent, à terme, le lien érotique à l'autre.

Qu'aimer, c'est comprendre

Pour éclairer autrement encore le sens et l'importance du phénomène de l'amour dans la pensée de Freud, nous voudrions à présent mettre en avant deux thèses, formulées à plus de vingt ans d'écart, et profondément convergentes en dépit des apparences. Commençons par nous reporter à ce laboratoire d'idées novatrices que constitua, pour Freud, la rédaction en 1895 de l'*Esquisse d'une psychologie d'un point de vue scientifique*. On peut trouver dans ce texte initialement destiné à son correspondant privilégié du moment, W. Fliess, et que son auteur préféra ne jamais publier, les sources de la problématique freudienne du traumatisme et, plus généralement encore, du refoulement lui-même. Un traumatisme, nous y explique Freud, est une expérience où se brise le lien à l'autre appelé « compréhension » (*Verständigung*)[18]. Qu'est-ce que cette « compréhension » ? Le temps premier de la vie psychique n'est pas un état clos sur lui-même mais, au contraire, une condition éminemment relationnelle où l'âme infantile répond aux signes d'autrui sur un mode spéculaire. Tant que l'enfant peut répondre aux sollicitations de l'autre, il y a compréhension.

---

[17] C'est pourquoi l'amour est une expérience qui engage l'instance du moi et s'accomplit sur la scène de la conscience perceptive. Dans l'amour affranchi de la névrose, au terme d'une cure réussie, la libido « se tient à la disposition du moi » (Freud 1916-1917 : 471).

[18] Pour un aperçu de la dynamique de la « pensée sans but » ou « reconnaissante » qu'est la « compréhension » : Freud 1950a bis : 626 ou 671. On pourra également se reporter à une présentation plus développée de cette problématique freudienne de la compréhension dans Ribault (2010).

Quand l'enfant demeure, en revanche, sans réponse face à un acte qu'il ne comprend pas, il se produit ce que Freud concevra à partir de la fin de l'année 1895 comme un traumatisme primaire. La seule réponse possible opposable, par l'enfant, au défaut de réponse de l'autre est l'investissement de tel ou tel élément du noyau perceptif incompris. Il s'agit là de ce qui sera nommé, dans les écrits métapsychologique ultérieurs, « refoulement originaire » (*Urverdrängung*) (Freud 1915d: 193). Les refoulements survenant plus tard ne feront qu'en réactiver les traces. Le refoulé représentera ainsi toujours, aux yeux de Freud, de l'incompris, originaire ou dérivé: « Chez un être humain, les souvenirs d'enfance incompréhensibles et les fantaisies édifiées sur eux font constamment ressortir ce qu'il y a de plus important dans son développement animique » (Freud 1910c: 117). Ils forment ces «*fueros*» (Lettre à Fliess du 6/12/1896: Freud 1950a: 265) qui représentent dans la vie psychique d'inextinguibles foyers de désirance.

Quel rapport, dira-t-on, entre le traumatisme et l'amour? Si l'on conçoit l'inconscient comme l'ensemble des traces psychiques incomprises, laissées pour compte, on peut envisager l'amour comme étant précisément un processus de remédiation indéfini des traces de l'incompréhension infantile. Non pas qu'aimer fasse enfin comprendre ce qui ne l'a pas été dans l'enfance mais il transforme cette incompréhension irréductible en une source d'attachement sans pareil: en l'être aimé, l'incompris se dépasse et se régénère sans cesse dans la dynamique de la sublimation amoureuse que nous avons décrite; il ne se résout pas, il se rejoue. C'est pourquoi on n'aime jamais quelqu'un pour ses qualités: on ne peut jamais comprendre pourquoi on aime ni qui on aime puisque ce qui, de l'autre, est aimé, les points d'ancrage de notre attachement à lui, ne sont jamais définitifs, toujours condamnés à être dépassés, oubliés pour d'autres ou pour être régulièrement redécouverts. « Que quelqu'un doive mourir pour devenir vivant » (1907a: 117), ce n'est pas là seulement une vérité d'archéologues: en prononçant cette phrase Zoé énonce la grande loi de la dialectique amoureuse. L'amour est le contraire d'une fixation: c'est une expérience de renaissance où se recrée sans cesse l'impasse aveugle d'une incompréhension et son dépassement.

Biologie de l'amour

Cette première ligne de pensée, très précoce dans le cheminement freudien, n'est pas étrangère à la thèse, bien plus tardive, de l'Eros entendu comme puissance biologique. Nombre de commentateurs font de ce développement métapsychologique, amorcé en 1920, un égarement, une saillie spéculative qui ne ferait pas vraiment corps avec le reste de la doctrine. Cette réflexion sur les origines de la vie soulève à tout le moins un problème de lecture : de quelle vie Freud nous entretient-il ? Comme pour l'image optique dans *L'Interprétation du rêve*, faut-il prendre le propos freudien comme un échafaudage ne révélant qu'analogiquement son véritable objet ? En réalité, l'homologie entre les processus de la psyché et ceux de la vie n'est pas un détour métaphorique : il y a bel et bien, pour Freud, identité de structure et communauté de nature entre les processus psychiques et biologiques. L'amour commence avec la vie et, réciproquement, être amoureux consiste bien en une certaine manière de *vivre*. Aussi la science de l'âme peut-elle légitimement chercher à se prolonger dans, ou même à s'appuyer sur l'étude des processus de la vie : « Alors que le travail psychanalytique tend habituellement à développer ses doctrines aussi indépendamment que possible de celles d'autres sciences, il se voit malgré tout obligé, pour la doctrine des pulsions, de chercher dans la biologie un étayage » (Freud 1923a: 207-208). La vie pulsionnelle, telle qu'elle est présentée dans *Au-delà du principe de plaisir*, n'est pas plus animique que somatique. L'ambition freudienne est de dépasser cette dichotomie, cette « frontière » devant laquelle s'arrêtaient encore les analyses de *Pulsions et destins des pulsions*. La nouvelle méta-psychologie est en même temps une méta-biologie[19]. Elle biologise l'âme tout autant qu'elle psychologise la vie.

Examinons de plus près comment Freud décrit le mode opératoire de l'Eros au sein de la matière. Que nous dit-il des premiers pas de la vie ? « Il advint un jour que les propriétés du vivant furent éveillées dans la matière (*Materie*) non douée de vie par une force agissante encore totalement irreprésentable » (Freud 1920 g 310). L'idée que la vie puisse « s'éveiller » au sein de ce « sans vie » originaire laisse entendre qu'il n'y a pas de discontinuité entre les plans physico-chimique et organique. La vie sommeillait déjà dans la matière. Et dès qu'elle trouve à s'éveiller, une force s'y oppose et tend à la reconduire à l'état initial : la pulsion de mort, qui cherche à « atteindre la mort-but (*Todesziel*) » (ibid. 310), veut réduire la différence, revenir au même, niveler. Il ne s'agit pas d'une aspiration consciente, ni d'un but réfléchi : la vie tend vers la mort comme un système homéostatique tend vers son point d'équilibre dès qu'il en est écarté. Le vivant est dans une tension indéfinie contre la cyclicité des

[19] La pulsion devient, à partir de 1920, une réalité biface, très abstraite, dont la définition peut s'entendre selon la double acception psychique et organique : « La pulsion est conçue d'une manière tout à fait générale comme une sorte d'élasticité du vivant, comme une poussée à la réinstauration d'une situation qui avait jadis existé et avait été supprimée par une perturbation extérieure » (Freud 1925d: 105). L'expression « vie pulsionnelle » devient, dans cette perspective, redondante : la vie est pulsion, compulsion, instinct.

besoins, la fixité des instincts et, à terme, contre tout ce qui, en lui, milite pour le reconduire vers l'inertie d'où il vient.

Avançons ici notre hypothèse : qu'est-ce que la vie, pour Freud, sinon cette déviation déjouant une dynamique de répétition analogue à celle que nous avons vu à l'œuvre dans la guérison de Norbert Hanold ? Elle est une forme de « sublimation amoureuse » entre un individu et son milieu. Rapportée aux termes de la problématique compréhensive qui est, selon nous, le foyer de la réflexion freudienne, la mort, ou plutôt le degré zéro de la vie, le « sans vie », correspond au moment précaire d'une compréhension parfaite où l'autre se fait l'écho du Soi et le Soi miroir de l'autre. La matière inanimée peut alors se concevoir comme l'ensemble des processus dynamiques qui ne s'affranchissent pas de cette spécularité. La mort renvoie au règne indifférencié de forces qui, dans leur expression mutuelle, ne parviennent pas à se désolidariser durablement les unes des autres.

Eros aux origines de la vie

Comment le vivant est-il sorti de cette « soupe originelle » où domine le Même ? « Pendant toute une longue période, il se peut que la substance vivante ait été ainsi recréée sans cesse et soit morte facilement » (ibid. 310). Dans cette circularité entre la vie et le « sans vie », au sein de la matière originelle, l'événement fondateur hissant les premières ébauches vivantes au rang de modes organiques stables est, dans sa forme, rigoureusement analogue au vécu d'incompréhension : la vie ne sort de son demi-sommeil, les cellules ne commencent à s'agréger en formations durables qu'à partir du moment où un événement vient briser la symétrie des effets de compréhension et laisse derrière lui des compulsions fédératrices réactualisant des traces de la réaction au trauma originel. C'est l'Eros, et plus particulièrement les pulsions de vie, sexuelles, qui sont responsables, selon Freud, de cette dynamique de répétition qui parvient à imposer des liaisons de cellules et, par extension, la formation des premiers organismes : « ce sont les pulsions de vie – ou pulsions sexuelles-, actives dans chaque cellule, qui prennent pour objet les autres cellules » (ibid. 323. Voir aussi 315).

La compulsion à la répétition, qui soutient le vivant organique et le retour de ses besoins, traduit la tendance à répéter les formes dans lesquelles l'unité interactionnelle avec l'environnement a été brisée. Elle provoque cette déviation originaire que l'amour, en ses formes d'expression ultérieures, ne cessera de répéter, sous l'influence d'impasses devenues intérieures : forcer le « survivant encore à dévier toujours davantage de son chemin de vie originel » (ibid. 310). La dialectique de la sublimation de l'Eros arrache le biologique au régime mimétique de la première substance inanimée et lui ouvre les portes d'une recréation sans fin de ses formes pulsionnelles.

La vie s'éveille ainsi dans le trauma d'un déséquilibre, d'un hiatus, d'un échec de communication ; elle se rendort dès que la réponse est appropriée et que la sollicitation redevient *comprise*. Le Soi originaire est cette oscillation, cette hésitation entre vivre et mourir, entre comprendre et s'interroger. D'un côté, l'être vivant tend à renouer avec l'expérience spéculaire d'où il vient, avec le « sans vie » originaire ; mais, en même temps, il tend à répéter, à travers ses traces, le moment fulgurant où il fut affranchi de cette somnolence. Les instincts et les pulsions aspirent ainsi à actualiser indéfiniment, au-delà du plaisir qu'ils dispensent accidentellement, les vestiges de cet éveil traumatique qui sont autant de points d'appel, de questions vivantes adressées indéfiniment à un milieu, à un autre qui ne répond plus.

Conclusion

Résumons-nous. L'Eros, par ses investissements et les tensions qu'il génère, met en échec la visée première de la vie, la pulsion de mort. Tout ce qui, dans l'être vivant, parvient à refermer cette béance en retrouvant les voies d'une compréhension effective, fut-elle passagère, renoue avec le moment spéculaire du « sans vie » où l'autre n'est qu'un prolongement du Soi. Est-ce cela « aimer » ? Est-ce être enfin compris ? Est-ce retrouver sa moitié dans une compréhension parfaite, la vie n'ayant plus qu'à s'arrêter ou, à tout le moins, à se répéter indéfiniment ? L'amour est fort heureusement tout autre chose. Il ne fait pas se retrouver en l'autre, dans une jubilation narcissique mortifère. Le narcissisme de l'amour n'est pas celui d'un idéal du moi mais du moi lui-même, d'un moi engagé dans une dyade indéfectible[20] : il ne consiste pas à se retrouver *en* une image mais *avec* un être réel, dans un dialogue vivant où le retour des moments d'incompréhension est surmonté sans jamais être aboli. Cette esquive permanente, cette fuite en avant de l'imagination amoureuse, à partir des traits de l'être aimé, est précisément ce dont les jeunes protagonistes de la nouvelle de Jensen commencent à faire la délicieuse expérience commune en passant la porte qui les fait sortir de Pompéi. Le seuil qu'ils franchissent est autant celui de l'amour que celui de la vie.

---

[20] Freud hésite toutefois dans l'idée qu'il se fait de l'amour : « l'objet est-il mis à la place du moi ou de l'idéal du moi ? » (Freud 1921c : 53). Il n'est pas impossible que tout amour véritable possède ces deux faces.

Ce qui a autorisé Freud à avancer l'idée audacieuse d'une sexualité infantile, ce qui l'a conduit à établir autant de corrélations et d'analogies entre le sexuel et l'amour, quelles qu'en soient les formes (accomplies, refoulées ou sublimées), c'est la conviction qu'aimer et désirer sexuellement ne sont que divers modes d'expression d'une même expérience dialectique définissant le phénomène de la vie. Comme le montre les métamorphoses de l'amour du héros de Jensen, les symptômes ne sont, comme les pulsions sexuelles, qu'une manière d'actualiser une certaine relation à celle, celui ou ceux, qui sont aimés. La sexualité n'est donc pas un facteur premier mais une configuration particulière, la plus visible, d'un rapport érotique à l'autre bien plus général : « Ce qui nous a surtout permis de connaître l'Eros et, partant ce qui lui sert d'indice, la libido, c'est l'étude de la fonction sexuelle qui, pour le public sinon dans les théories scientifiques, se confond avec Eros » (Freud 1940a : 11). *Ratio cognoscendi* de l'essence érotique de la vie, la sexualité n'en est nullement la *ratio essendi*. Qu'il soit ou non sexuel, l'amour actualise un rapport à l'autre qui exprime, aux yeux de Freud, l'essence relationnelle de la vie elle-même.

Références bibliographiques

Freud, S. (1895d)* : *Etudes sur l'hystérie*. Œuvres Complètes, vol. II, Paris, P.U.F., 1985.

Freud, S. (1905d) : *Trois Essais sur la théorie sexuelle*. Œuvres Complètes, vol. VI, P.U.F., 2006.

Freud, S. (1905e) : *Fragment d'une analyse d'hystérie*. Œuvres Complètes, vol. VI, Paris, P.U.F., 2006.

Freud, S. (1907a) : *Le Délire et les rêves dans la Gradiva de W. Jensen*. Œuvres Complètes, vol. VIII, P.U.F., 2007.

Freud, S. (1907b) : *Actions de contrainte et exercice religieux*. Œuvres Complètes, vol. VIII, P.U.F, 2007.

Freud, S. (1908e) : *Le poète et l'activité de poésie*. Œuvres Complètes, vol. VIII, P.U.F., 1991.

Freud, S. (1910c) : *Un Souvenir d'enfance de Léonard de Vinci*. Œuvres Complètes, vol. X, P.U.F., 1993.

Freud, S. (1910k) : *De la psychanalyse « sauvage »*. Œuvres Complètes, vol. X, P.U.F., 1993.

Freud, S. (1912b) : *Sur la dynamique du transfert*. Œuvres Complètes, vol. XI, P.U.F., 1998.

Freud, S. (1912c) : *Des types d'entrée dans la maladie névrotique*. Œuvres Complètes, vol. XI, P.U.F., 1998.

Freud, S. (1915a) : *Remarques sur l'amour de transfert.* Œuvres Complètes, vol. XII, P.U.F., 2005.
Freud, S. (1915d) : *Le refoulement.* Œuvres complètes, vol. XIII, P.U.F., 1994.
Freud, S. (1916-1917) : *Leçons d'introduction à la psychanalyse.* Œuvres Complètes, vol. XIV, P.U.F., 2000.
Freud, S. (1920g) : *Au-delà du principe de plaisir.* Œuvres Complètes, vol. XV, P.U.F., 1996.
Freud, S. (1921c) : *Psychologie des masses et analyse du moi.* Œuvres Complètes vol. XVI, P.U.F., 1991.
Freud, S. (1923a) : *Psychanalyse et théorie de la libido.* Œuvres Complètes, vol. XVI. P.UF., 1991.
Freud, S. (1925d) : *Autoprésentation.* Œuvres Complètes, vol. XVII, P.U.F., 1992.
Freud, S. (1940a) : *Abrégé de psychanalyse.* Œuvres Complètes, vol. XX, P.U.F., 2010.
Freud, S. (1950a) : *Lettres à Wilhelm Fliess. 1887-1904*, Paris, P.U.F., 2006.
Freud, S. (1950a bis) : *Esquisse d'une psychologie scientifique.* Publié dans les *Lettres à Wilhem Fliess 1887-1904*, Paris, P.U.F., 2006.
Freud, S. & Jung, C. G. (1975a) : *Correspondance*, Gallimard, 1992.
Freud, S. & Ferenczi, S. (2000a) : *Correspondance 1920-1933*, Calmann-Lévy, 2000.
Jones, E. (1969) : *La vie et l'œuvre de Freud*, vol. 2, P.U.F., 1988.
Pontalis, J.-B. (1986) : *Le délire et les rêves dans la Gradiva de W. Jensen.* Gallimard, Folio Essai, 1986.
Ribault, G. (2010) : *L'autre dans l'âme. Pour en finir avec l'idée d'une monadologie freudienne* dans la Revue annuelle Filozofski Vestnikge, sous la direction de J.P. Marcos et J. Sumic Riha, Ljubljana, 2010.

* La lettre situe l'ouvrage dans la chronologique des publications de l'année mentionnée.

Le Petit Hans et la Création de Dieu dans *Totem et Tabou*
Projection, substitution et exaltation

Herman Westerink
(Traduit de l'anglais par Gilles Ribault)

Présentation

Dans cet article, Herman Westerink éclaire une étape importante de la réflexion freudienne sur le religieux. Il montre comment, au cours de l'écriture de Totem et tabou, *plus exactement dans le passage du troisième au quatrième essai du livre, quelque chose change dans l'explication proposée de la genèse de la religion. Cette inflexion notable qui survient de façon inopinée, contrariant la cohérence théorique des chapitres précédents, traverse pourtant le texte de façon discrète, comme une anamorphose en un tableau. L'auteur montre que ce nouveau point de vue n'est pas sans rapport avec celui que, trois ans plus tôt, durant l'été 1908, Freud avait esquissé dans le compte-rendu de la cure du petit Hans. Pourquoi cette résurgence? Qu'est-il arrivé de significatif entre cette période et la rédaction de* Totem et tabou *(1912-1913)?*

H. Westerink mène l'enquête et montre que, dès l'étude consacrée au cas du magistrat Schreber, publiée au début de l'année 1911, Freud achoppait sur le problème de la nature religieuse du délire paranoïaque. Cette difficulté fait apparaître les limites du modèle de la «projection», utilisé jusqu'alors par lui pour rendre compte du rapport de l'homme au divin. C'est dans ce contexte problématique que, sur fond de discussions de plus en plus tendues avec Jung, Freud réexpose dans Totem et tabou *sa conception de l'organisation psychique religieuse en reprenant une voie ouverte par l'analyse de Hans. L'auteur souligne l'importance, dans ce remaniement, de la distinction entre totémisme et religion. Il dévoile, ce faisant, l'ancrage de l'anthropologie freudienne dans le complexe paternel.*

Que la voie ouverte par l'élaboration du cas de Hans refasse surface comme une réminiscence bousculant pour finir, dans les derniers mois de la rédaction, le cadre théorique général de l'ouvrage, révèle à quel point les œuvres freudiennes se font écho entre elles et montre comment l'intuition ébauchée en l'une d'elle peut se développer en une autre, fut-ce au prix de flottements voire de contradictions plus ou moins provisoires. L'actualité rétrospective des analyses du petit Hans dans la réflexion de Freud, au début de l'année 1913, fait apparaître la fonction de laboratoire d'idées des études de cas: loin de n'être qu'un temps d'observation empirique et clinique, elles constituent un moment d'expérimentation intellectuelle où Freud explore des pistes qu'il revient à l'avenir de ses recherches de valider ou de laisser à l'arrière-plan.

G.R.

Il y a cent ans[1] Freud publiait *Totem et tabou*, l'une de ses plus importantes études de psychanalyse appliquée. A plus d'un titre, ce texte représente un moment crucial dans l'itinéraire de son auteur. Il est rédigé dans un contexte de dissensions et de conflits avec deux figures importantes de la psychanalyse naissante, Adler et Jung, et durant une période de choix décisifs où s'ouvrent de nouvelles directions pour la théorie psychanalytique. Au beau milieu d'une des phases les plus créatives de la pensée freudienne, l'ouvrage représente une transition entre, d'une part, le premier ensemble de grands textes sur les rêves, la sexualité et la morale culturelle et, d'autre part, le groupe des principales études de cas et des essais de métapsychologie. C'est aussi la première publication où est clairement affirmé que l'Œdipe est le complexe nucléaire des névroses, ce qui le fait devenir, du même coup, une pièce centrale de la théorie psychanalytique. Freud était conscient de l'importance de son entreprise audacieuse (« *daring enterprise* » : Freud & Jones 1998b : lettre 120) et rangea son *Totem et Tabou* parmi ses ouvrages les plus décisifs sur lequel il s'appuiera encore fièrement dans *Malaise dans la culture* ou, encore et surtout, dans *L'homme Moïse et le monothéisme*. Pourtant, le livre fut mal reçu comme en témoigne ce jugement d'Ernest Jones : « En dehors du cercle psychanalytique, on ne lui accorda nulle créance et l'ouvrage fut considéré comme un nouveau fruit de l'imagination de son auteur » (Jones 1969 : 383). Freud laissa insatisfait ses lecteurs sur des points qui furent perçus comme particulièrement problématiques : 1) la reconstruction d'événements historiques réels ainsi que l'importance accordée à l'Acte, 2) l'affirmation de l'universalité du complexe d'Œdipe et la façon dont elle est démontrée à travers une lecture très particulière des sources anthropologiques, 3) la thèse qui semble soutenir que l'idée de Dieu pourrait s'expliquer en termes de projection, et 4) l'interprétation de la religion comme analogue à la névrose obsessionnelle.

[1] Ce texte a fait l'objet d'une présentation le 22 Septembre 2012 au Colloque organisé à Berlin par le Freud Research Group sous la direction d'I. Berkel et déjà publié en néerlandais sous le titre « Tot God bevorderd : Freud over projectie en verheffing in mythologie en religie » dans *Tijdschrift voor Psychoanalyse* 18 (2012/3). [Note de l'éditeur].

La perplexité suscitée par ces différents éléments occulta des aspects centraux du texte. Tout d'abord, l'importance accordée au sentiment de culpabilité, non seulement au commencement du religieux mais, plus généralement, en tant que foyer de toutes les formes de religions qui ont émergé au cours de l'histoire. Ces dernières sont, selon cette perspective, comme différents théâtres ou « scènes » (Freud 1942a) où les conflits intérieurs entre pulsion et moralité sont exprimés et socialisés dans un contexte culturel et historique spécifique. Un autre élément important de l'ouvrage est l'affirmation selon laquelle le phénomène complexe de la religion ne peut s'entendre comme l'expression d'une activité de pensée consciente, d'intuitions ou d'expériences mystiques, d'un sens du sacré ou du numineux, d'une aspiration à participer à une unité cosmique ; ni davantage comme la manifestation d'un besoin naturel de signification, de continuité, d'ordre au sein des circonstances incertaines et contingentes de la vie. Non seulement Freud rejette l'*homo religiosus* et l'idée que les phénomènes culturels sont les résultats de processus psychiques conscients, mais il écarte également la thèse qui fait reposer la force de la religion sur des systèmes symboliques abstraits ou sur des philosophies fournissant sens, certitude ou, au moins, protection contre un sentiment de non-sens et de néant.

Dans cet article, mon propos portera sur la continuité que Freud suggère entre les étapes pré-religieuses les plus primitives des philosophies de la vie, les premières ritualisations et les religions avancées ultérieures, - continuité qui, selon Freud, repose sur les aspects moraux du fait religieux (tabous, régulations sociales, sentiment de culpabilité). Mais, pour commencer, je voudrais m'arrêter sur un problème théorique que Freud soulève et essayer d'élucider un problème rarement abordé par les commentateurs : comment penser la transition entre la religion primitive et la religion avancée ? Je montrerai que dans le cours de *Totem et tabou*, Freud change de point de vue : dans la troisième partie, il s'intéresse à l'émergence de la religion à partir de l'animisme ; dans la quatrième, il laisse de côté ce dernier au profit du totémisme entendu comme la forme la plus originelle de la religion. Ce faisant, parmi les explications possibles du religieux, Freud écarte celle qui en ferait le produit de mécanismes psychiques naturels, comme, par exemple, ce qu'il appelle la « projection ». Mon hypothèse est que la théorie freudienne concernant l'exaltation du père et la création de Dieu dans le quatrième essai de *Totem et tabou* ne doit pas être interprétée en termes de projection mais peut être lue comme l'application des idées de substitution (*Ersatz*), d'exaltation (*Erhöhung*) et d'étrangement

(*Entfremdung*[2]) du père, telles qu'elles ont été exprimées dans l'étude de cas consacrée au petit Hans (1909b) et dans le court texte sur le roman familial des névrosés rédigé la même année (1909c). Je soutiendrai, plus précisément, que l'exaltation du père doit être comprise en termes d'étrangement et de mise à distance de la présence paternelle physique immédiate.

Quelques remarques sur la projection et l'animisme

Le mécanisme de la projection est présent dès les premiers écrits freudiens, tant cliniques que théoriques. Il est, à cette époque, exclusivement lié à la paranoïa et à la névrose d'angoisse[3]. Freud le décrit comme un mécanisme de défense, une tentative pour refuser de s'adresser des reproches à soi-même en les projetant, sans modification de contenu, sur une personne du monde extérieur. Mais il ne parvient ni à le définir précisément, ni à l'expliquer. C'est bien plus tard, dans *Remarques psychanalytiques sur un cas de paranoïa décrit sous forme autobiographique* (Freud 1911c) qu'il propose une approche globale du mécanisme projectif. Il en fait alors un simple mécanisme responsable de la formation du symptôme de la paranoïa, à savoir le délire de persécution (ibid. 270-271, 288-289). Ce n'est plus une défense contre l'auto-reproche mais une tentative de reconstruction de la relation à la réalité après que l'investissement libidinal de cette réalité a été suspendu. Dans cette étude de 1911, Freud décrit ainsi la projection : « Une perception interne est réprimée et, comme substitut de celle-ci, son contenu arrive à la conscience en tant que perception venant de l'extérieur, après avoir connu une certaine déformation » (ibid. 288). Il ajoute aussitôt que ce processus remarquable ne fait pas seulement son apparition dans la paranoïa mais « aussi en d'autres circonstances de la vie d'âme et qu'il lui est même assigné une participation régulière dans notre position envers le monde extérieur » (ibid. 289). La projection décrit un processus général et normal par lequel les causes de certaines perceptions sensorielles ne sont pas situées dans le sujet mais dans le monde extérieur (par un déplacement ou un remplacement). Ce phénomène joue un rôle dans la formation de la

---

2 Le terme allemand qu'utilise Freud (*Entfremdung*) est proche de celui d'« *estrangement* » par lequel J. Strachey le traduit dans l'édition en langue anglaise. Le français n'offrant pas un tel équivalent, les P.U.F. choisissent audacieusement de construire le néologisme d' « étrangement ». L'enjeu est, à la fois, de ne pas recourir au terme d' « aliénation », trop chargé du sens hégélien ou marxiste, et de ne pas perdre la référence à la racine « *fremd* » qui joue un rôle pivot en de nombreuses expressions freudiennes. Voir sur ce point *Traduire Freud* P.U.F. 1989. [Note de l'éditeur].

3 Voir, par exemple, le Manuscrit K. adressé à W. Fliess en janvier 1896 : Freud 1950a, 209 et suiv.

subjectivité humaine et dans la relation entre le sujet et la réalité. Un peu plus loin dans le texte, Freud annonce la publication d'un essai sur la projection qui ne verra, en réalité, jamais le jour. Ainsi, la question de savoir comment le complexe de persécution de Schreber, en tant que résultat d'une projection, est relié à sa mégalomanie religieuse demeure sans réponse. Un mécanisme général, en effet, ne saurait expliquer quelque chose d'aussi particulier que les aspects religieux de l'activité de pensée de Schreber[4].

Mais Freud n'associa pas seulement la projection à la paranoïa. Il vit aussi en elle quelque chose en rapport avec la mythologie. Dans *Sur la Psychopathologie de la vie quotidienne*, il écrit: «Je crois en fait qu'une grande part de la conception mythologique du monde, conception qui s'étend jusqu'aux religions les plus modernes, n'est rien d'autre qu'une psychologie projetée dans le monde extérieur» (Freud 1901b: 354). Le mécanisme de la projection n'étant pas défini ici, l'affirmation demeure plutôt vague et Freud ne va pas plus loin. Mais le deuxième essai de *Totem et tabou* revient sur ce point avec l'examen de l'étude de Robert Kleinpaul consacrée à la mythologie et à la croyance aux démons (Kleinpaul 1898). Dans cet ouvrage, l'auteur soutient que la croyance aux esprits malins peut être rapportée aux images des personnes aimées disparues qui survivent dans la mémoire, alimentent les fantaisies et apparaissent dans les rêves ou l'imagination de ceux qui restent. L'hypothèse de Kleinpaul selon laquelle, après leur mort, la plupart des êtres aimés sont transformés en démons est introduite dans le cadre de la discussion sur les tabous concernant les morts. Freud, reprenant cette idée à son compte (Freud 1912-1913: 265-266), soutient que les peuples primitifs prêtent leur propre hostilité latente à l'encontre des êtres aimés disparus à l'objet de cette hostilité c'est-à-dire sur la personne décédée. Ce processus défensif «fréquent dans la vie d'âme aussi bien normale que morbide», nous l'appelons, écrit Freud «une projection» (ibid. 268). En d'autres termes, pour Freud, démons, esprits malins et apparitions peuvent être expliqués comme des «projections de sentiments hostiles que les survivants nourrissent contre le mort» (ibid. 269). Et pourtant, après avoir écrit cela, il reconnaît vite que le mécanisme de projection, en tant qu'expulsion d'une perception interne vers le monde extérieur, demeure problématique quand il s'agit d'expliquer quelque chose d'aussi particulier que la création des démons. En effet, dans la perspective freudienne, le mécanisme projectif n'est pas seulement défensif et ne peut pas être limité aux situations de conflit psychique. La projection d'impulsions mauvaises, chez les primitifs, «n'est qu'une part d'un système qui est devenu leur «vision du monde» et que nous apprendrons à connaître (...) comme

---

4 Voir sur ce point Vandermeersch 1991: 191-192 ; Vergote 1998: 23-24.

étant le système animiste» (ibid. 272). En d'autres termes, la projection est un mécanisme primitif commun, employé pour la formation et la structuration du monde extérieur – la création de démons et d'esprits malins n'étant qu'un cas particulier de ce processus. Ses origines et ses conditions sont demeurées jusqu'ici obscures mais le plus important est qu'il soit exclusivement attaché à l'animisme en tant que philosophie ou système de pensée primitif.

Les représentations religieuses peuvent-elles ainsi être envisagées comme dérivées d'un tel mécanisme projectif? Pour Freud, la création de démons ou d'esprits par projection ainsi que l'émergence d'un système de pensée, d'une théorie de l'univers dans laquelle les objets sont contrôlables et manipulables, rien de tout cela n'implique que l'animisme soit de l'ordre d'une religion, même si l'un et l'autre proviennent de la même source de sentiments ambivalents envers un objet (le père). «En lui-même l'animisme n'est pas une religion mais contient les fondements sur lesquels les religions se bâtiront plus tard» (ibid. 286). En revanche, Freud souligne que, plus que les religions, les philosophies se construisent à partir de l'animisme. La première théorie de l'univers donnera lieu – grâce à la capacité de pensée abstraite et à l'usage du langage – à des systèmes de pensée complexes, en l'occurrence métaphysiques. Eu égard à l'importance du mécanisme de projection dans l'animisme et la paranoïa (psychose), nous ne devons pas être surpris que Freud fasse de l'illusion paranoïaque «l'image distordue d'un système philosophique» (ibid. 281). Le véritable héritier de l'animisme est la philosophie et non la religion. Il reste alors à expliquer les représentations religieuses de Dieu quand elles ne sont pas produites par projection ou par pensée abstraite.

Le Petit Hans, déplacement et exaltation

Dans l'étude de cas consacrée au petit Hans, il ressort deux questions centrales. Tout d'abord, l'analyse réalisée par Max Graf sur son propre fils, Hans, fournit des matériaux confirmant la thèse d'une sexualité infantile que Freud a déjà théoriquement formulée et défendue. Il y a ensuite l'idée que cette sexualité infantile s'effectue à travers la relation entre l'enfant et ses parents, engageant surtout la figure du père – celle de la mère ne jouant qu'un rôle mineur. Freud montre que la phobie du jeune garçon pour les chevaux peut être rapportée à une ambivalence de sentiment à l'égard du père. Hans aime et admire son père ; sa vive curiosité concernant la taille du pénis paternel est interprétée en termes d'inclination à homosexualité. Mais ce père est aussi un rival eu égard au désir de l'enfant pour la mère. C'est en raison de cette rivalité que le père devient pour son fils l'objet de sentiments hostiles et de souhaits de mort mais aussi une source d'angoisse en raison de la prohibition du désir de la mère et des punitions liées à cet interdit. Ce complexe de sentiments ambivalents en direction du père est déplacé (*transponiert*) sur le figure du cheval : Hans s'identifie aux chevaux, il veut être un cheval et considère même qu'il en est un (« je suis un jeune cheval » : Freud 1909b : 50). Ses fantaisies portent toutefois aussi sur des chevaux qui s'effondrent et meurent ; il craint d'être mordu par eux, ce qui nourrit chez lui la peur de traverser la rue. Dans *Totem et tabou*, Freud tire cette conclusion : « Il se trouvait donc dans une position typique de l'enfant masculin vis-à-vis de ses parents, que nous désignons comme le « complexe d'Œdipe » et dans lequel nous reconnaissons le complexe nucléaire des névroses en général. Ce que nous apprenons de neuf par l'analyse du petit Hans, c'est le fait, précieux pour le totémisme, que l'enfant, dans de telles conditions, déplace du père sur un animal une partie de ses sentiments » (Freud 1912-1913 : 346).

Une lecture plus précise du quatrième chapitre montre que Freud fait beaucoup plus que présenter le cas de Hans comme l'illustration d'un déplacement sur un substitut animal de sentiments dirigés vers le père. Le cas du jeune garçon donne aussi des éléments de compréhension du totémisme et de la religion, permettant d'interpréter la création de Dieu comme un pas décisif entre le déplacement sur un animal et la croyance en un père-Dieu exalté. Il se termine sur une interprétation de la peur des chevaux qui domine le jeune garçon. Pour le psychanalyste, la résolution positive de la phobie est devenue possible quand l'enfant a pu redéfinir la relation à son père. Ce qui put s'accomplir à travers un jeu inventé par Hans, dans lequel il était le « papa » des enfants de sa mère et dans lequel son père devenait son « grand-père ». Ce jeu par lequel l'enfant articule le désir qu'il a d'épouser sa mère et d'avoir des enfants avec elle, n'est pas seulement l'expression du complexe (œdipien) composé des sentiments hostiles et des souhaits de mort contre son père ; il « corrige aussi, comme le précise Freud, ce qui était tout bonnement inacceptable dans ces pensées, par le fait qu'au lieu de tuer le père, elle le rend inoffensif en lui accordant la promotion du mariage avec la grand-mère. Par cette fantaisie, maladie et analyse trouvent à juste titre une conclusion » (Freud 1909b : 116).

Cette promotion du père marque la fin d'une phobie caractérisée par le déplacement du complexe paternel sur un complexe animal. Elle est satisfaisante pour l'enfant à double titre. L'exaltation du grand-père et la nouvelle place du père dans la constellation familiale implique une avancée en ce qui concerne la rivalité entre le fils et le père. Ce dernier n'est plus une figure effrayante, il ne représente plus une menace directe de punition.

Non seulement il est rendu inoffensif mais il cesse d'être l'objet immédiat de sentiments hostiles et de souhaits de mort ; il n'est plus le rival en chair et en os qui doit être tué ou neutralisé, et, par conséquent, sa présence n'est plus source de culpabilité ou d'angoisse. A première vue, on pourrait presque interpréter tout ce processus comme la décision altruiste et consciente de Hans d'accorder à son père le même bonheur que celui auquel il aspire pour lui-même. Mais une lecture plus fine apprend que la solution de l'enfant représente surtout un gain de certitude quant à ce qu'il sait du rôle que joue précisément son père dans la famille, ce qui s'accompagne d'une diminution de ses sentiments hostiles.

L'article sur le roman familial publié comme introduction au livre de Rank sur les mythes de la naissance du héros, rédigé en même temps que l'étude consacrée à Hans, témoigne de l'intérêt de Freud pour le phénomène d'exaltation du père par l'enfant. Dans ce texte, il soutient que cette dernière est liée à un stade, une période de « devenir étranger (*Entfremdung*) à ses parents » (Freud 1909c: 254) c'est-à-dire une phase durant laquelle le garçon désire vivement s'affranchir de ses parents (surtout du père) dont il a une opinion de moins en moins bonne. L'enfant s'éloigne d'eux par lui-même, d'autres personnes plus importantes et plus impressionnantes venant les remplacer. Cette exaltation, par l'enfant, de la personne remplaçante, s'accompagne de l'idée que l'origine paternelle est toujours incertaine, contrairement à celle de la mère. Cette incertitude concernant le géniteur ainsi que la place et le rôle effectif du père dans la famille entraîne une mise à distance de la figure paternelle et un désir plus fort d'obtenir de la mère une infidélité secrète. Que, durant cette période, le père soit « exalté » signifie, aux yeux de Freud, que l'enfant devient capable de renforcer en lui les sentiments tendres qui dominent les plus hostiles ; il peut poursuivre la surestimation de ses parents et son aspiration en direction du père (en tant qu' « homme le plus fort et le plus noble ») sans continuer à ressentir d'intenses sentiments d'hostilité, de rivalité et de revanche (ibid. 256).

C'est ce processus d'exaltation, d'étrangement et de distanciation que l'on retrouve, dans le quatrième essai de *Totem et Tabou*, au cœur du développement qui fait passer du totémisme, marqué par l'adoration de l'animal totem, aux religions porteuses d'une représentation de dieu.

Du père substitut au père exalté

Il est largement admis que l'analogie entre l'enfant névrosé et l'homme primitif est un élément crucial de l'argumentation dans l'essai final de *Totem et tabou.* Freud soutient que « la pleine identification avec l'animal totem et la position de sentiments ambivalents à l'égard de celui-ci » (Freud 1912-1913 : 348-349) peuvent également être retrouvées dans l'identification du primitif au totem considéré comme père originel. L'analogie et sa conséquence, à savoir que « l'animal totem est le père », permet de soutenir que les deux principales prohibitions taboues coïncident avec les deux premiers souhaits de l'enfant (mâle), souhaits qui constituent le complexe nucléaire des névroses. A partir de là, Freud met en avant son hypothèse fantasmatique sur l'origine du totémisme (culture, institutions sociales, religion, limitations morales). Non seulement les tabous peuvent maintenant être interprétés en termes œdipiens mais Freud comprend aussi le repas totémique dans la perspective d'une substitution paternelle : le meurtre, la dévoration et le deuil de l'animal totem peuvent être regardés comme l'expression à la fois de l'amour ambivalent pour le père et du sentiment de culpabilité des fils. Ainsi, l'analogie entre l'enfant et le primitif, à première vue, ne conduit Freud qu'à de plus amples développements autour de sa thèse du parricide originel et des effets psychiques dynamiques qui en sont les contrecoups immédiats – identification, ambivalence des sentiments, sentiment de culpabilité, formation de la conscience morale, rites issus du complexe nucléaire des névroses. Ce sont exactement ces mêmes effets et ces contrecoups psychiques qui caractérisent le système totémique et qui sont conservés tels quels au sein de la religion. On pourrait donc presque en conclure que la transition du totémisme aux religions ultérieures n'implique que des difficultés mineures et secondaires. Le fait religieux conserverait les principaux traits du totémisme. Pourtant, comme Freud le remarque dans la préface, le totémisme est « une institution socio-religieuse devenue étrangère à notre présente façon de sentir, en réalité depuis longtemps abandonnée et remplacée par des formes plus nouvelles » (ibid. 194). Les traces que le totémisme a laissées dans le religieux sont en réalité peu importantes. En d'autres termes, si Freud suggère, certes, une continuation, il existe aussi une claire distinction entre le système totémique et la religion ultérieure.

Le développement des religions à partir de leur origine totémique repose sur une modification de la relation paternelle : on passe de l'animal totem, substitut qui prolonge le lien au père en chair et en os, à la création d'un Dieu en tant que père exalté ; de l'animal totem aux divinités anthropomorphiques. Freud présente ainsi le totem et ce qui lui advient : « il pourrait bien être la première forme de substitut paternel, le dieu étant par contre une forme plus tardive dans laquelle le père a retrouvé sa figure humaine. Une telle néocréation à partir de cette racine de toute formation religieuse, la désirance pour le père, pouvait devenir possible, si au cours des temps, quelque chose d'essentiel avait changé dans le rapport au père et peut-être aussi à l'animal» (ibid. 367).

Dans son analyse du changement fondamental de la relation à la figure paternelle et à l'animal, Freud reprend les idées qu'il avait développées dans l'étude consacrée à Hans et dans l'article sur le roman familial. Il est clair, pour lui, que la création et l'émergence de dieux exaltés dans le cours de l'histoire ne peuvent ni être expliquées en termes de processus spontanés de pensée ou d'aptitude à la pensée abstraite, ni en tant que résultat d'une inclination naturelle à la religiosité. Le premier facteur de ce changement fondamental est «le début d'un étrangement psychique par rapport à l'animal et (...) la désagrégation du totémisme par la domestication» (ibid. 367). En l'utilisant et en l'instrumentalisant, en devenant capable de contrôler sa présence et de décider de son utilité, les hommes firent perdre à l'animal son aura sacrée. Celui-ci ne pouvait plus être compris comme un pair ou un membre du clan fait de la même chair et du même sang: le lien biologique devenait indécis. Parallèlement à cet étrangement vis-à-vis de l'animal comme substitut paternel, apparut une désirance plus forte envers le père et une disposition à se soumettre à lui pendant une période de temps durant laquelle «la rancœur envers le père (...) put se relâcher» (ibid. 368). Ce changement d'attitude envers le père se fonde sur les structures sociales du clan totémique: chacun de ses membres veut devenir le père (en incorporant une part du substitut paternel durant le repas totémique) mais, eu égard à l'égalité démocratique du clan fraternel, ce souhait ne peut se réaliser. C'est là le facteur décisif de la renaissance de l'idéal paternel. La désirance pour cet idéal entraîne la création de Dieu (ou dieux) en tant que père exalté. Freud suggère que ce changement d'attitude envers le père et l'exaltation qui en résulta conduisit à un profond changement social: «Avec l'installation des divinités paternelles, la société sans père mua peu à peu en une société ordonnée sur le mode patriarcal» (ibid. 369). La restauration de la horde originelle ne devient possible qu'à travers le maintien des acquis du clan fraternel: les limitations morales étant intériorisées, l'émergence d'un nouveau tyran originel fut inconcevable. En outre, la distance (le «gouffre») entre les nouveaux patriarches et le père originel était assez grande pour «assurer la persistance du besoin religieux» (ibid. 369) c'est-à-dire la désirance pour le père comme divinité. En d'autres termes, cette désirance religieuse est garantie par la seule mise à distance du père originel et de son substitut animal. Ce processus d'étrangement, de distanciation et d'exaltation entraîne un apaisement du sentiment de culpabilité même si l'ambivalence des sentiments et l'hostilité du fils vis-à-vis de l'autorité paternelle continuera à jouer un rôle, moins immédiat et important toutefois qu'auparavant.

L'explication freudienne du passage de la substitution totémique à l'exaltation religieuse du père s'ordonne autour des mêmes mécanismes et mouvements psychiques que ceux décrits dans la résolution du complexe paternel du Petit Hans. Ils sont évoqués également dans le texte sur le roman familial des névrosés. Enumérons-les une dernière fois: 1) le passage de la substitution animale à l'exaltation religieuse du père ; 2) la mise à distance du père (dans sa présence immédiate) ; 3) l'étrangement du père ou du substitut paternel ; 4) la permanence de la désirance pour le père et la diminution des sentiments hostiles ; 5) la nouvelle constellation familiale et le réaménagement des rôles au sein de la famille ; 6) l'innocuité du père et la libération des symptômes névrotiques.

Exaltation du père: une brève discussion

Le quatrième essai de *Totem et tabou* commence par une remarque importante: on ne saurait espérer «faire dériver d'une origine unique», «quelque chose d'aussi compliqué que la religion» (ibid. 311). Dans le cours de l'essai, Freud identifie bel et bien une source (le parricide originel) qui occupe une place prédominante parmi les autres «facteurs agissants conjointement» (ibid. 311). Mais un facteur plus décisif encore est impliqué dans la transition que nous venons de décrire entre le totémisme et les religions plus développées. Dans l'ombre de ses analyses sur l'origine de la religion envisagée dans ses rapports avec les institutions sociales, les pratiques symboliques et la moralité culturelle, Freud entreprend aussi ce qu'il présente en 1911 comme une «psychologie de la foi religieuse» (Freud & Jones 1998b: 164, lettre 64). Car la distinction entre la substitution et l'exaltation paternelle, le processus d'étrangement, la diminution de l'hostilité, le renforcement de la désirance et la distanciation, tout cela relève de la foi c'est-à-dire des différentes voies par lesquelles le désir du Dieu paternel et l'attachement à lui sont structurés et organisés.

L'essentiel ici est que la première transformation majeure conduisant à la religion concerne le père: il s'agit, plus exactement, du processus qui fait passer du lien à l'animal totem comme substitut paternel, avec le maintien d'une présence réelle, physique, du père à travers son substitut, à un désir pour un Dieu paternel exalté et inoffensif. Le point de départ de cette transition est l'intensité de l'ambivalence des sentiments éprouvés pour le père (mort), intensité qui est maintenue du fait que l'animal totem *est* le père, de la même façon que pour Hans, le cheval *était* le père. C'est cette présence corporelle continue du père qui constitue une menace pour l'économie psychique. A cet égard, Freud mentionne que l'animal totem est souvent un prédateur et que sa présence au voisinage du clan est en général considérée comme un mauvais présage. Aussi, ces puissants sentiments hostiles causent-ils et cultivent-ils également une lourde culpabilité. Le fait de tuer l'animal et le repas totémique jouent un rôle crucial dans l'entretien de l'hostilité et de la mauvaise conscience. Dans le même temps, cette dynamique garantit l'institution sociale du clan fraternel, la horde des fils qui, chaque année, répète le meurtre originel en tuant, dévorant, pleurant et célébrant le substitut. Tout cela change, le temps passant, avec le processus d'étrangement de l'animal totem et l'affaiblissement de l'amertume hostile envers le père. La distanciation du père réel (l'animal totem), l'exaltation et la création d'un dieu créateur représentent une avancée – analogue à celle du petit Hans – puisqu'il est désormais possible de maintenir l'attachement au père sans souffrir des effets négatifs de sa présence, à savoir la répétition du crime et les expressions de culpabilité qui lui sont attachées. Freud précise en effet que cette transformation de la religion conduit à certaines représentations religieuses et à un stade de développement où les fils peuvent se libérer eux-mêmes de leur culpabilité et exprimer «la satisfaction d'avoir abandonné l'ancien substitut paternel en faveur de la représentation divine supérieure» (Freud 1912-1913: 370). Selon Freud, le soulagement du sentiment de culpabilité et cette satisfaction peuvent être attestés quand Dieu devient tellement exalté et porté au-dessus des hommes qu'il ne peut plus être approché autrement que par un intermédiaire – un prêtre, un roi divin. C'est à cette époque que des mythes apparaissent qui mettent en scène Dieu tuant l'animal (autrement dit, l'homme n'est plus coupable du meurtre du père).

La satisfaction procurée par la distanciation ne peut toutefois pas défaire complètement le sentiment de culpabilité: «dans le développement ultérieur des religions aussi, les deux facteurs moteurs, la conscience de culpabilité du fils et le défi filial ne s'éteignent jamais» (ibid. 372). Ce qui entraîne, aux yeux de Freud, de nouveaux changements. C'est dans ce contexte qu'il mentionne le christianisme en tant que culte qui, non seulement se résout à admettre cette culpabilité et cette disposition à se rebeller, mais réalise aussi le désir de prendre la place du père. La reconnaissance d'une culpabilité nouvellement renforcée, la quête d'expiation et le sacrifice humain de Dieu (l'élimination du dieu père ayant été remplacée par celle du fils) indique un retour à la religion totémique ainsi qu'à ses traits pathologiques. En un mot, le processus de distanciation est ici, au moins en partie, annulé.

La religion, par-delà la projection

D'après ce qui précède, il est clair que la religion comme système symbolique (socio-culturel), qu'elle soit totémique ou avancée, ne résulte pas d'un mécanisme de projection. Freud considère les représentations et croyances portant sur les démons et les esprits mauvais comme le résultat de l'extériorisation d'affects psychiques hostiles. La projection (défensive) fait partie d'un processus plus général qui peut être envisagé comme la continuation imaginaire du vécu interne ou externe contribuant à la formation du monde extérieur et, de ce fait, à la possibilité de contrôle et de manipulation narcissique de ce monde (toute-puissance des pensées). La religion ne correspond pas à ces dynamiques mais engage bien plutôt le choix d'objet, l'attachement aux parents ainsi que le processus mental et culturel conduisant à ces deux résultats. La simple esquisse que Freud propose des développements et des transformations des religions n'indique pas, comme le souligne James Di Censo, comment des systèmes symboliques « sont la superposition et le dépassement de relations prosaïques familiales » c'est-à-dire comment des systèmes symboliques créent de la distance avec la présence immédiate et physique des proches (Di Censo 1999: 52 ; Moyaert 2007: 164-171). Il ne s'agit pas seulement de dire que la vie culturelle humaine est symboliquement médiatisée ou que la mise à distance du monde prosaïque-physique est un pas culturel décisif que l'on pourrait rapprocher de la sublimation (Di Censo 1999: 57-58). La description freudienne du devenir religieux, du passage de la substitution à l'exaltation (et sa rétrogradation), repose aussi sur de profondes intuitions concernant la différenciation des religions entre elles. Cette différenciation ne dépend pas tant du poids et de la force de motifs moraux – sentiment de culpabilité, ambivalence affective entre l'admiration et l'hostilité, disposition à se rebeller – que des processus de substitution, d'étrangement, de désirance, d'exaltation et de distanciation décrits plus hauts. Il s'ensuit donc que la clef de voute de la religion est la disposition affectueuse des fils (culpabilité) issue du parricide originel. Une autre façon de différencier les formations religieuses est possible selon un autre foyer essentiel, à savoir les catégories horizontales (proximité ou éloignement / distance) et verticales (qui appartient au monde / qui est incarné ou transcendant) qui définissent et organisent la relation entre les hommes et leur(s) père(s), dieux ou Dieu. La préférence de Freud pour l'exaltation plutôt que pour la substitution c'est-à-dire pour la distanciation plutôt que pour la présence physique et le contact et, de façon connexe, pour l'affaiblissement de la culpabilité et des sentiments hostiles, semble indiquer une intuition profonde concernant les religions monothéistes et, en particulier, le judaïsme : l'idée d'un Dieu invisible –un Dieu sans image ni statue et au nom énigmatique (Je suis celui qui suis) – n'est pas le produit d'un processus de pensée (philosophique), le résultat de la capacité humaine à créer des idées abstraites *mais la résolution de la proximité intolérable d'un objet œdipien*[5]. L'exaltation conserve la désirance tout en empêchant le contact direct et, par voie de conséquence, le fait de tuer ou d'être tué, de manger ou d'être mangé.

Conclusion

La création de Dieu, dans le quatrième essai de *Totem et tabou*, n'est donc plus décrite en termes de projection. Pour Freud, ce mécanisme n'est pas seulement trop général mais aussi trop associé à la psychose (paranoïa) pour donner à comprendre les complexes nucléaires névrotiques de la religion. Il est également trop lié au processus individuel inné par lequel les conflits intérieurs sont résolus par leur rejet dans le monde extérieur. Nous avons vu que Freud, dans le cours de *Totem et tabou*, opte pour un autre modèle : l'analogie avec les résultats de son analyse du petit Hans. Celle-ci ne se réduit pas à l'idée d'un animal traité comme substitut paternel mais engage aussi la notion d'exaltation du père. Notre interprétation nous a conduit à établir que cette exaltation est à l'œuvre en de nombreux endroits : dans la transition du totémisme aux religions avancées, dans le devenir étranger du substitut totémique, dans la mise à distance du père, dans la pérennisation de la désirance paternelle, dans le déclin des sentiments hostiles, dans les nouvelles structures familiales et sociales ainsi que dans la libération des symptômes névrotiques. Par la mise en rapport avec le cas de Hans, Freud fait ressortir implicitement quelque chose qui est au cœur de la religion et esquisse par-là les grandes lignes d'un cadre théorique susceptible de rendre compte du fait religieux : les diverses religions sont plus que des variantes dans l'entretien et la ritualisation d'un sentiment de culpabilité et d'une disposition à se rebeller ; elles sont une manière de médiatiser symboliquement la désirance pour le père quand la présence physique immédiate et la proximité de celui-ci devient une source de problème.

[5] Voir sur ce point Moyaert 2007 : chapitre 2.

Références bibliographiques

Di Censo, J. J. (1999). *The Other Freud: Religion, Culture and Psychoanalysis.* New York / London, Routledge, 1999.

Freud, S. (1901b)*: *Sur la psychopathologie de la vie quotidienne.* Œuvres Complètes, vol. V, Paris, P.U.F., 2012.

Freud, S. (1909b): *Analyse de la phobie d'un garçon de cinq ans,* Œuvres Complètes, vol. IX. P.U.F. 1998.

Freud, S. (1909c): *Le roman familial des névrosés.* Œuvres Complètes, vol. VIII, P.U.F., 2007.

Freud, S. (1911c): *Remarques psychanalytiques sur un cas de paranoïa (dementia paranoides) décrit sous forme autobiographique.* Œuvres Complètes, vol. X, P.U.F., 1993.

Freud, S. (1912-1913): *Totem et tabou.* Œuvres Complètes, vol. XI, P.U.F., 1998.

Freud, S. (1942a): *Personnages psychopathiques à la scène.* Œuvres Complètes, vol. VI, Paris, P.U.F., 2006.

Freud, S. (1950a): *Lettres à Wilhelm Fliess. 1887-1904,* Paris, P.U.F., 2006.

Freud, S. & Jones, E. (1998 b): *Correspondance complète (1908-1939),* P.U.F., 1998.

Jones, E. (1969): *La vie et l'œuvre de Sigmund Freud,* vol. 2, P.U.F., 1988.

Kleinpaul, R. (1898): *Die Lebendigen und die Toten in Volksglauben, Religion und Sage,* Leipzig, Göschen'sche Verlagshandlung, 1998.

Moyaert, P. (2007): *Iconen en beeldverering: Godsdienst als symbolische praktijk,* Amsterdam, SUN, 2007.

Vandermeersch, P. (1991): *Unresolved Questions in the Freud / Jung Debate. On Psychosis, Sexual Identity and Religion,* Leuven, Leuven University Press, 1991.

Vergote, A. (1998): *Religion after the Critique of Psychoanalysis,* dans *Psychoanalysis, Phenomenological Anthropology and Religion. Antoon Vergote,* sous la direction de J. Corveleyn, D. Hutsebaut, Leuven, Leuven University Press, 1998.

* La lettre situe l'ouvrage dans la chronologique des publications de l'année mentionnée.

Colère, jouissance et compulsion de doute
Une symptomatologie freudienne
de la névrose de contrainte

Philippe Van Haute et Tomas Geyskens

Présentation

Un cas freudien est beaucoup plus qu'une vignette clinique. Dans ses investigations psychopathologiques individuelles, Freud rassemble des données d'observation, directes ou indirectes, propose des catégories pour décrire ces faits et esquisse des lignes d'interprétation pour tenter de les expliquer. En cette confluence, la convergence entre les matériaux évoqués et les explications proposées est loin d'être toujours assurée. Freud a lui-même, et plus d'une fois, révisé ses analyses sur une base clinique inchangée[1]*. Les cas sont au cœur de l'instabilité théorique freudienne.*

L'étude qui suit se propose précisément de pointer un écart entre la théorisation freudienne de la névrose de contrainte (Zwangneurose) et les éléments cliniques sur lesquels elle se fonde. Elle porte sur le cas d'Ernst Lanzer, plus connu sous le nom de l'Homme aux rats. Dans son ouvrage intitulé Remarques sur un cas de névrose de contrainte *(1909d), Freud commettrait l'erreur, selon Tomas Geyskens et Philippe Van Haute, de ne pas distinguer, dans l'appréhension phénoménologique des symptômes du patient, entre l'affect de colère et le sentiment de haine : alors que le second possède un objet et se soutient, comme l'amour, de représentations déterminées, le premier est aveugle, immédiat, fugace et sans véritable dimension objectale. En interprétant les sources infantiles de la névrose de contrainte en termes de haine, Freud rendrait ainsi la pathologie obsessionnelle solidaire de constructions fantasmatiques et de pulsions sexuelles (sadomasochistes) tournées vers une figure objectale privilégiée, en l'occurrence, celle du père. Ce qui ne va pas de soi.*

Au-delà du repérage d'un infléchissement significatif de la position de Freud entre 1909 et 1913, c'est la représentation freudienne d'une sexualité infantile encore pensée sur le modèle de celle de l'adulte que les auteurs contestent. Ils montrent que le phénomène anobjectal de la colère peut constituer, dans la vie psychique infantile, un opérateur à part entière pouvant produire certaines formes de défenses

---

1 Songeons à la sous-estimation de l'homosexualité de Dora, à l'assouplissement final concernant la réalité de la scène traumatique dans l'étude sur l'Homme aux loups et, plus généralement, à la non-prise en compte, jusqu'en 1920, des faits témoignant de l'existence, en l'âme, d'une disposition à la destructivité.

comme celle, par exemple, responsable de la névrose de contrainte. La contre-analyse développée dans cet article questionne les indécisions du statut métapsychologique de l'objet de la pulsion et pose, en creux, la question de la place de cet objet au sein de la conception freudienne de la sexualité infantile.

G.R.

Dans sa célèbre étude sur l'Homme aux rats, Freud nous met en garde contre la tentation tenace qui consiste à « rapporter le problème du choix de la névrose à la vie pulsionnelle ». Il s'oppose ainsi à l'idée que chaque névrose se réduirait à une « constellation » pulsionnelle spécifique : « Cependant, si tenté que l'on puisse être de rapporter le problème du « choix de névrose » à la vie pulsionnelle, on a pourtant assez de raisons d'échapper à cette tentation et on doit se dire que dans *toutes* les névroses, on met à découvert les *mêmes* pulsions réprimées comme porteurs de symptômes » (Freud 1909d : 206). La distinction entre l'hystérie, la névrose de contrainte et la paranoïa ne concerne selon lui que les différents moyens avec lesquels le sujet se défend contre les mêmes pulsions. C'est ainsi que Freud écrit, par exemple, à propos de la névrose de contrainte : « Ce qui est caractéristique de cette névrose, qui la différencie de l'hystérie, n'est pas à chercher selon moi dans la vie pulsionnelle mais dans les modalités psychologiques (*psychologische Verhältnisse*) » (ibid. 213). Le « choix de la névrose » dépend donc exclusivement de la nature des mécanismes de défense, et non des pulsions contre lesquelles ces mécanismes sont dirigés.

Malgré son avertissement de ne pas rapporter le choix de la névrose à la vie pulsionnelle du sujet, Freud ne peut nier que la névrose de contrainte se caractérise par une problématique pulsionnelle très spécifique : un amour contraignant et exalté qui sert à refouler une haine inconsciente. Freud déclare à ce sujet dans les *Remarques sur un cas de névrose de contrainte* : « ... il est réjouissant de voir comment les processus énigmatiques de la névrose de contrainte deviennent (...) aisément compréhensibles par référence à ce seul et unique facteur. Si à un amour intense s'oppose obligatoirement une haine presque aussi forte, la première conséquence ne peut être qu'une paralysie partielle de la volonté, une incapacité à prendre une décision dans toutes les actions pour lesquelles l'amour doit être le motif générateur » (ibid. 207). Freud semble avoir oublié sa propre mise en garde en liant, dans ce passage, la névrose de contrainte à une configuration pulsionnelle spécifique : la lutte entre l'amour et la haine. La manière dont il dépeint celle-ci complique de surcroît sa tentative. Freud décrit, en effet, le conflit de l'Homme aux rats en termes d'amour et de haine. En étudiant de plus près cette histoire de cas, on s'aperçoit toutefois qu'il n'y s'agit pas tant de haine refoulée que de colère réprimée. La névrose de contrainte est une « répression progressive de la pulsion de colère» (Freud 1974a: 249).

Dans cet article nous voulons faire la lumière sur cette confusion entre la haine et la colère, et sur les conséquences qui en découlent pour la théorie freudienne de la névrose de contrainte. Nous montrerons comment la discussion sur l'importance relative des mécanismes de défense et des problématiques pulsionnelles pour caractériser la névrose, s'éclaircit à partir de la distinction, méconnue par Freud, entre la haine et la colère. Nous indiquerons plus particulièrement comment l'introduction du « complexe paternel » dans l'étude sur l'Homme aux rats est directement liée à la confusion entre haine et colère. Nous nous proposons ainsi de succomber à la tentation « de rapporter le « choix de la névrose» à la vie pulsionnelle» contre laquelle Freud met en garde. Nous le ferons en décrivant, dans leur cohérence interne, les différents éléments qui définissent la symptomatologie de la névrose de contrainte, et en essayant de les ramener à la configuration pulsionnelle qui lui est caractéristique. A cet effet, nous relirons un texte freudien ultérieur – *La disposition à la névrose de contrainte* (1913) - tout en faisant droit à notre intuition que le fondement de la névrose de contrainte est non pas la haine, mais la colère réprimée.

La colère n'est pas la haine

Colère et haine sont deux choses tout à fait différentes. Nous pouvons être en colère contre nos amis, sans pour autant les haïr. Si nous les haïssions, ils cesseraient d'être nos amis. Même si l'on parle aussi bien d'une haine que d'une colère aveugle, les deux formes d'aveuglement sont loin d'être identiques. Tout comme l'amour, la haine est aveugle en ce qui concerne sa motivation, mais ni l'un ni l'autre ne l'est par rapport à son objet. Quand on nous demande de motiver notre amour ou notre haine, nous sommes embarrassés. Dans l'amour et dans la haine les motifs ne viennent qu'après-coup et nous paraissent structurellement insuffisants pour justifier ce que nous ressentons[2]. Mais l'objet vers lequel se dirigent ces deux sentiments est univoque et, dans une large mesure, irremplaçable. L'aveuglement en ce qui concerne la colère, par contre, répond à une toute autre logique. A l'encontre de la haine dont l'objet est fixe, la colère a tendance à se libérer de l'objet qui l'a causée. Pour illustrer un peu plus en détail cette idée, revenons à la partie théorique des *Etudes sur l'hystérie* qui a été écrite par Josef Breuer. Selon Breuer,

---

[2] Ce que M. Scheler montre particulièrement bien dans *Nature et forme de la sympathie* (Scheler 1928).

la colère est un affect assez paradoxal, car à la différence des autres affects, elle peut facilement se déplacer. Breuer écrit dans ce contexte: «La colère a des réactions adéquates, correspondant à la circonstance occasionnante. Si celles-ci sont impossibles ou viennent à être inhibées, des succédanés prennent leur place. (...). Quand Bismarck doit réprimer devant le roi sa surexcitation et sa colère, il se soulage en jetant par terre un vase précieux» (Freud 1895d: 224). N'importe quel objet peut servir au soulagement d'une colère aveugle, car la colère ne vise aucun objet spécifique.

La colère a toujours un caractère paroxystique[3] et s'oppose par conséquent au sang-froid que nécessite la vengeance. La colère est un *affect* qui s'empare de nous et nous porte hors de nous-mêmes. Elle disparaît en même temps que la situation qui était à son origine, ou dès qu'elle s'est soulagée. La haine par contre est une *passion*. Elle vit en nous, nous l'alimentons, elle confère à notre existence une certaine solidité ou constance, et elle fait en sorte que nous ne nous perdions pas. Autrement dit, la haine donne forme à ce que et à qui nous sommes, alors que la colère a un caractère momentané et est liée à des situations concrètes. Nous voilà en mesure de reprendre la lecture critique de la première grande histoire de cas que Freud a dédiée à la névrose de contrainte – l'Homme aux rats. Nous le ferons en déconstruisant la confusion entre haine et colère, qui semble en être le fondement.

L'Homme aux rats

Que dans la description freudienne de l'histoire de l'Homme aux rats, il s'agisse bel et bien de colère et non pas de haine, cela apparaît clairement dès le début de la névrose de contrainte. Le jeune Homme aux rats est avide de jouissances et possédé par un voyeurisme insatiable. Depuis l'âge de cinq ou six ans, il a un désir irrésistible de voir des femmes nues. Ses gouvernantes et les bonnes qui sont l'objet de ce désir voyeuriste ne s'y opposent d'ailleurs pas toujours. Elles laissent faire le petit garçon sans le contrarier quand il les déshabille, se glisse sous leurs jupes, les touche, et il peut même aider l'une d'entre elles à presser les abcès sur ses fesses (Freud 1909d: 140). Pour un individu disposé à l'hystérie, cela aurait suffi à faire de sa jeunesse une suite catastrophique de traumas sexuels[4]. Mais le petit Homme aux rats est à ce moment-là déjà un vrai obsessionnel, qui plus tard ne se souvient pas de sa jeunesse comme d'un trauma subi passivement, mais comme d'une activité à

---

[3] Voir sur cette notion de "paroxysme" l'article de Jens De Vleminck dans ce recueil: *Caïn contre Oedipe.*

[4] Voir sur cette question Van Haute & Geyskens 2010a.

laquelle il a participé de bon cœur. C'est ainsi qu'il dit, par exemple, à propos d'une certaine Mademoiselle Lina : « Je ne crois pas qu'elle ait fait des choses défendues avec moi, mais je prenais beaucoup de liberté avec elle » (ibid. 140). Dès l'âge de six ans, la névrose de contrainte est bien là car les désirs voyeuristes vont déjà de pair avec une peur obsédante : « Il y avait des personnes, des filles qui me plaisaient beaucoup et que je souhaitais avec la plus grande instance *voir nues*. J'avais pourtant avec ces souhaits un sentiment *inquiétant, comme si quelque chose devait arriver si j'y pensais et que je dusse faire toutes sortes de choses pour l'empêcher* » (ibid. 141). A cette époque déjà, l'Homme aux rats avait déjà développé « une névrose de contrainte complète, à laquelle ne manque aucun élément essentiel » (ibid. 142). Au désir érotique répond une crainte obsédante que quelque chose de grave et d'indéfini n'arrive, et qu'il faut écarter par des comportements et des pensées compulsives. Mais qu'est-ce que tout cela a à faire avec la colère réprimée ?

Quand Freud pousse son patient à se faire une représentation concrète du danger indéterminé qu'il craint tellement, l'Homme aux rats répond : «que mon père ne meure» (ibid. 142). Il s'oppose en même temps à la suggestion de Freud que cette idée ait pu être à un certain moment autre chose qu'une simple crainte, un souhait par exemple. Mais il peut difficilement nier que ce thème – le père qui meurt prématurément dû à la jouissance sexuelle de son fils – joue un rôle important à différents moments de sa vie. Ainsi, par exemple, lorsqu'il a pour la première fois un rapport sexuel, il est tellement impressionné par sa propre jouissance, qu'il ne peut s'empêcher de penser : « Mais c'est magnifique ! Pour éprouver cela on serait capable d'assassiner son père ! » (ibid. 174). D'autres hommes âgés sont traités de la sorte. Lorsque l'Homme aux rats veut réserver dans un sanatorium une chambre qui se trouve à côté de celle d'une infirmière avec laquelle il avait eu des relations sexuelles lors d'un séjour préalable, et qu'on lui répond que cette chambre est déjà occupée par un vieux professeur, il répond sans hésitation : « Eh bien pour ça il va être frappé d'apoplexie » (ibid. 202). Durant ces moments-là, la colère n'est pas refoulée. L'Homme aux rats s'en souvient bien et ses souvenirs sont dénués de toute valeur affective. Il se rappelle de ses crises de fureur comme de simples pensées. Il l'a bien pensée, mais pas souhaitée. Seule une histoire que lui a racontée sa mère, mais dont lui-même ne se rappelle pas du tout, témoigne du fait qu'il est quand même capable d'accès de colère excessif. A l'âge de quatre ans, il a reçu une raclée de son père pour une raison ou une autre. « Le petit marmot est alors entré dans une effroyable fureur et, tout en continuant de recevoir des coups du père, il s'est mis à injurier celui-ci. Mais comme il ne connaissait encore aucun mot d'injure, il lui aurait donné tous les noms d'objet qui lui venait à l'idée, disant : toi lampe, toi serviette, toi assiette, etc. » (ibid. 177). L'Homme aux rats lui-même estime qu'il était pris à ce moment-là d'une telle crainte pour la violence de sa propre rage, qu'il en était devenu un lâche (ibid.). Depuis lors, cette crainte pour l'excessivité de sa propre fureur, devance les manifestations de celle-ci.

Dans l'histoire de l'Homme aux rats, les colères sont toujours des accès soudains, des révoltes contre quelqu'un faisant obstacle à la jouissance : son père, le vieux professeur dans le sanatorium, des officiers militaires, sa fiancée, la grand-mère de cette dernière, etc. A chaque fois, il s'agit d'un affect momentané et lié à une situation spécifique. Freud présente le destin de l'Homme aux rats en termes de « rages réprimées ». Mais, dans ses réflexions théoriques, il ne fait aucune différence entre pulsions, affects et passions ; et du coup, il traduit la colère de l'Homme aux rats en termes de haine et de sadisme. Ainsi, il décrit par exemple la configuration pulsionnelle, caractéristique de la névrose de contrainte, de la façon suivante : « dans les cas de haine inconsciente dont nous avons parlé, la composante sadique de l'amour aurait été constitutionnellement développée avec une force particulière, connaissant de ce fait une répression prématurée et par trop radicale ... » (ibid. 207). La pulsion de colère réprimée, qui joue un rôle central dans la névrose de contrainte, est ainsi interprétée à partir d'un sadisme inconscient qui alimenterait la haine. Cette interprétation a de graves conséquences pour l'analyse freudienne de cette pathologie.

Si la colère est interprétée en termes de haine, elle doit avoir un objet spécifique. En d'autres termes, si nous interprétons la colère selon la logique de la haine, les accès colériques de l'Homme aux rats doivent alors toujours être dirigés vers le même objet. La diversité des destinataires de la colère ne peut être, dans ce cas, que superficielle et apparente. Dans le cas de l'Homme aux rats, c'est le père qui reçoit alors une importance colossale : la haine est, selon Freud, originairement dirigée contre lui. La colère réprimée vis-à-vis des officiers sadiques, vis-à-vis de la grand-mère malade et des professeurs âgés, doit être comprise comme un transfert de la haine originaire contre le père sur des substituts paternels. Le « complexe paternel » apparaît ici comme l'effet d'une confusion conceptuelle : l'Homme aux rats connaît une colère aveugle à chaque fois que quelqu'un s'oppose à ces désirs érotiques ; l'accès de rage contre son père est bien le prototype et le modèle d'une telle situation, mais cela n'implique nullement qu'il soit aussi á l'origine d'une *haine* inconsciente.

Qu'est-ce qui caractérise la névrose de contrainte ?

La position freudienne selon laquelle les traits caractéristiques de la névrose de contrainte doivent être recherchés dans le domaine psychologique (les mécanismes de défense) plutôt que pulsionnel, peut être réexaminée à partir de la distinction entre haine et colère. La névrose de contrainte se caractérise par un mécanisme de défense spécifique. Il ne s'agit pas, comme dans l'hystérie, d'amnésie ou de refoulement: «Le refoulement s'est ici servi d'un autre mécanisme, à vrai dire plus simple: au lieu d'oublier le trauma, il lui a retiré l'investissement d'affect, si bien qu'il reste dans la conscience un contenu de représentation indifférent considéré comme non essentiel» (ibid. 169). Bien que Freud parle ici encore de refoulement, il s'agit en fait d'une répression de l'affect. L'affect est réprimé dans la situation qui l'a suscitée, et il est par la suite déplacé vers d'autres situations moins importantes. Ce mécanisme psychique de la répression et du déplacement caractérise de façon essentielle la névrose de contrainte. Il est indépendant de la configuration pulsionnelle qu'il doit tenir à distance puisqu'on la retrouve en d'autres pathologies[5]. Mais est-ce certain qu'il s'agisse ici de haine, et non pas de colère ?

Dans les exemples cliniques que donne Freud sur la manière dont opèrent, dans la névrose de contrainte, les mécanismes de défense que nous venons de rappeler (répression et déplacement), on observe une relation intrinsèque entre ces mécanismes et l'affect spécifique de la colère. L'Homme aux rats ressent une compulsion au suicide pendant que sa fiancée séjourne chez sa grand-mère malade. Pendant qu'il se dirige vers l'armoire où se trouve son rasoir dont il a besoin pour se couper la gorge, l'idée suivante lui vient à l'esprit: «Non, ce n'est pas si simple. Il te faut aller là-bas et assassiner la vieille femme» (ibid. 162). Plutôt que de s'irriter consciemment, comme cela aurait pu arriver à un homme normal, du fait que sa bien-aimée ne soit pas près de lui, mais près de sa grand-mère, il est assailli par des représentations suicidaires violentes. Ces représentations et ces ordres obsessionnels sont, selon Freud, l'expression d'un accès de rage inconsciente qui pourrait se traduire par l'exclamation: «Oh, je voudrais aller là-bas et assassiner la vieille femme qui me prive de ma bien-aimée». Freud poursuit: «Là-dessus arrive le commandement: Assassine-toi toi-même comme autopunition pour de tels désirs de fureur et de meurtre, et tout le processus, accompagné de l'affect le plus violent, entre dans la conscience du malade de contrainte dans l'*ordre inverse*...» (ibid. 162). Un deuxième exemple: un jour l'Homme aux rats eut

[5] Freud écrit: «La haine, que l'amour maintient réprimée dans l'inconscient, joue pourtant un grand rôle aussi dans la pathogénèse de l'hystérie et de la paranoïa» (Freud 1909d: 206).

l'idée insensée qu'il était trop gros et qu'il devait maigrir. Il commença alors à suivre un régime sévère et à faire du sport. Il ne parvint à comprendre cette idée obsédante qu'en se souvenant que, pendant cette période, sa fiancée était chez lui avec un cousin anglais qui s'appelait Dick (gros, en anglais). Ce Dick l'avait beaucoup énervé en faisant la cour à sa fiancée. Mais l'Homme aux rats était apparemment plus jaloux et plus furieux qu'il ne voulait se l'avouer (ibid. 163). Selon Freud, ces deux compulsions – l'ordre de se suicider et la volonté de maigrir - ont un trait en commun: «… leur apparition comme réaction à une fureur monstrueuse, non saisissable par la conscience, envers une personne qui survient en perturbatrice de l'amour» (ibid. 163)

Le fait que l'Homme aux rats ne ressente pas consciemment sa colère violente et qu'il veuille au contraire se faire du mal à soi-même, se situe dans le prolongement de la dynamique de la colère en tant que telle. Nous avons déjà fait référence à la partie théorique des *Etudes sur l'hystérie* où Breuer explique comment la colère, beaucoup plus que les autres affects, peut être facilement déplacée. Il est étonnant que les idées de Breuer sur la colère ne semblent jouer aucun rôle dans la *théorie* freudienne des névroses. D'autant plus que les actes symptomatiques de l'Homme aux rats utilisent systématiquement le mécanisme qu'il avait décrit. La colère contre la grand-mère malade et contre Dick est déplacée vers la compulsion au suicide et à l'amaigrissement. Dans sa publication commune avec Freud, consacrée à l'hystérie, Breuer explique que la dynamique de la colère elle-même favorise un tel déplacement: «nous transposons l'excitation de la colère de la réaction adéquate à d'autres et nous nous sentons soulagés pour peu qu'elle soit consommée par quelque forte innervation motrice» (Freud 1895d: 224). Le déplacement de la colère soustrait l'affect à la situation originelle. De ce fait - et contrairement à ce qui se passe dans l'exemple du vase de Bismarck - la liaison entre la situation qui causa la colère et l'acte succédané compulsif est perdue pour la conscience. Ces actes deviennent pour cette raison compulsifs et irrationnels.

La névrose de contrainte ne se caractérise pas seulement par de pareils actes compulsifs mais aussi, et encore plus, par des doutes et des pensées contraignantes. La peur compulsive de l'Homme aux rats peut servir ici d'exemple typique. Lors d'un exercice militaire, un officier lui décrit un supplice épouvantable qu'on pratique en Orient et qui consiste à introduire entre les fesses d'un condamné un récipient dans lequel sont introduits des rats qui s'enfoncent dans l'anus du malheureux. L'esprit de l'Homme aux rats est traversé à ce moment-là par l'idée compulsive que cette sanction s'appliquerait à sa fiancée et à son père dans l'au-delà. Plus tard, le même officier lui dit qu'il doit rembourser au lieutenant, à ses frais, un colis. Immédiatement se forme en son imagination une sanction : « Ne pas rendre l'argent, sinon « cela » arrivera » [le supplice aux rats] (Freud 1909d : 147). Puis surgit un contre-serment pour combattre la sanction préalable : « Tu *rendras* l'argent au lieutenant A ». Quand il s'avère que ce n'est pas le lieutenant A qui a avancé l'argent, mais le lieutenant B, l'Homme aux rats tombe dans un désarroi complet car le respect de son serment devient impossible. La pensée compulsive s'empare de détails insignifiants (financiers) comme des grandes incertitudes de l'existence comme la paternité, la durée de vie, la vie après la mort ; ou encore : la fiabilité de sa mémoire. Les sujets souffrants d'une névrose de contrainte ont apparemment *besoin* de doute et d'incertitude, car celle-ci alimente leur irrésolution infinie et leur tendance à mettre sans fin en balance le pour et le contre.

Freud soutient que le doute compulsif insensé des obsessionnels n'est pas un problème cognitif mais pulsionnel. Ce n'est pas qu'ils soient incapables de vivre avec l'incertitude ou l'ambiguïté ; ils utilisent, au contraire, l'ambiguïté de l'existence humaine pour exprimer l'ambivalence de leurs affects. Ainsi les sujets obsessionnels ont tendance à interrompre systématiquement leurs activités et à les recommencer dès le début, ou encore à retourner encore et encore à certaines activités pour contrôler si elles se sont déroulées correctement. Eteindre le percolateur, fermer la porte de la maison, étudier un cours ou énoncer une prière … toutes ces activités sont prises dans un va-et-vient irrationnel et indécis, comme si elles avaient été dérangées en cours de route et qu'il fallait pour cette raison les répéter. Freud voit ici une analogie avec l'agir normal : « Si par exemple, pendant que je rédige une lettre, j'ai été perturbé et interrompu par les questions d'une autre personne, j'éprouve peu après une incertitude justifiée quant à ce que je peux bien avoir écrit sous l'influence de la perturbation et la lettre une fois finie, je suis obligé, pour avoir une certitude de la relire entièrement. C'est ainsi que j'ai pu penser aussi que l'incertitude des malades de contrainte, par exemple lors de leurs prières, venait de ce que, chez eux, des fantaisies inconscientes s'immiscent sans cesse en perturbateurs dans l'activité de prier » (ibid. 208). Dans la névrose de contrainte, ces fantasmes inconscients et déroutants sont immanquablement l'expression d'une « motion hostile » (ibid. 165). Mais ici aussi, cette hostilité doit être comprise en termes de colère ou d'irritation. L'analogie que Freud pointe avec la vie normale l'indique déjà. Lorsque quelqu'un nous distrait de notre travail, cela non seulement nous dérange, mais nous irrite et nous énerve aussi. Mais si nous arrivons à exprimer cette irritation, nous pouvons sans problème continuer notre activité interrompue. Cela serait impossible s'il s'agissait de haine. Seule la répression de notre colère ou de notre irritation peut perturber de façon persistante la reprise de nos activités. Cela implique

que le va-et-vient hésitant qui caractérise les pensées et les actes compulsifs, pourrait aussi se comprendre à partir de la dynamique d'une grande colère réprimée. Mais tout comme Freud ne mentionne pas que ces interruptions pendant l'écriture l'irritent profondément, il ne laisse pas non plus ces éléments jouer un rôle dans son analyse de la pensée compulsive de l'Homme aux rats. La préoccupation obsédante concernant le supplice des rats, et les idées compulsives sur le remboursement de l'argent sont liées par Freud à la haine inconsciente que ressent l'Homme aux rats vis-à-vis de son père et de sa fiancée (ibid. 149). Il ne prend pas en compte la colère et la révolte réprimées de l'Homme aux rats contre l'officier sadique qui lui raconte ce supplice et qui lui dit plus tard qu'il doit rembourser au lieutenant les frais du colis. Le fiasco obsessionnel concernant ce remboursement est pourtant intrinsèquement lié au fait que c'est précisément cet officier-là – et non pas un autre - qui lui donne l'ordre de rendre l'argent au lieutenant A. Dans son *Journal d'une analyse*, Freud indique d'ailleurs bien l'importance de la colère de l'homme aux rats vis-à-vis des officiers : « Aujourd'hui 5 rêves, 4 d'entre eux militaires. Le premier fait preuve d'une colère retenue contre des officiers » (Freud 1974a : 249).

Existe-t-il une disposition de contrainte ?

Jusqu'ici nous avons essayé de lier la symptomatologie de la névrose de contrainte au contexte d'une colère réprimée. Cela nous a permis de montrer comment et pourquoi il n'est pas du tout évident de faire une distinction, ou même une opposition, entre configuration psychique (mécanismes de défenses) et organisation pulsionnelle. Dans ses textes ultérieurs – et plus particulièrement à partir de *La disposition à la névrose de contrainte*, publié en 1913 – Freud met l'accent sur un facteur qui jouerait un rôle déterminant dans cette névrose : la fixation de composantes pulsionnelles anales et sadiques. Freud quitte ainsi la position qu'il défendait encore dans son texte sur l'Homme aux rats, à savoir, rappelons-le, que la configuration psychique est en principe indépendante du cours des pulsions. Dans la suite de notre exposé nous examinerons, d'une part, comment l'érotisme anal et le sadisme peuvent être compris à partir de la problématique d'une colère réprimée ; et d'autre part, nous analyserons les implications de l'introduction par Freud d'une référence à la disposition à la névrose de contrainte.

Nous avons déjà souligné que Freud a tendance à penser toutes les formes d'agressivité comme des manifestations de sadisme, même si cela l'oblige à élargir considérablement la signification de ce terme, et même s'il néglige à cause de cela des distinctions importantes comme celle entre haine (passion), colère (affect) et sadisme (pulsion). Cette confusion terminologique est à son comble dans *Pulsions et destins de pulsions*. Dans cet article, la névrose de contrainte, le masochisme et le sadisme sont thématisés comme trois déductions possibles d'une pulsion sadique originaire que Freud définit comme « activité de violence, exercice de la puissance contre une autre personne en tant qu'objet » (Freud 1915c: 175). Là où cette impulsion sadique doit abandonner son objet extérieur, cet objet est remplacé par la personne propre. Le sadisme se dirige alors contre le moi lui-même. Ainsi naît un sado-masochisme intrapsychique. Le masochisme pervers se forme alors quand un autre sujet prend de nouveau le rôle de sujet actif sadique ; le sadisme pervers, par contre, se forme quand l'autre remplit le rôle passif. L'idée que sadisme et masochisme seraient deux transformations complémentaires d'une même pulsion est largement remise en question par la publication de Deleuze sur le masochisme (Deleuze 1967). A la lumière de cette critique, la thèse selon laquelle ces perversions sont des mises-en-actes d'un sadomasochisme intrapsychique - caractéristique de la névrose de contrainte - apparaît encore plus en difficulté: « On y (dans la névrose de contrainte) trouve le retournement sur la personne propre, sans la passivité à l'égard d'une nouvelle personne. (...) La manie de tourmenter devient auto-tourment, auto-punition, non pas masochisme. Le verbe actif se transforme, non en passif, mais en verbe moyen passif » (Freud 1915c: 175). Cette déduction « grammaticale » semble être l'apogée de la confusion entre haine, sadisme et colère qui était au centre de nos réflexions sur *L'Homme aux rats*. La violence qui, dans la névrose de contrainte, est tournée contre la personne propre, est celle de la colère. Mais cette dynamique nous amène loin de la haine impassible et du degré zéro de l'affectivité qui caractérisent les perversions sexuelles.

Qu'en est-il alors de l'érotisme anal dans *La disposition à la névrose de contrainte*? Dans cet ouvrage, Freud considère la régression à ce stade de la sexualité infantile comme une composante essentielle de la névrose de contrainte. Il n'est pas difficile d'établir ici un lien avec la colère. L'éducation à la propreté offre, en effet, la première situation prototypique où un plaisir érotique est contrarié par une autorité, vécue comme arbitraire. Ici se présente la première opportunité à réagir à une telle situation, non pas avec amour ou haine, mais avec obstination ou souplesse (Freud 1905d: 122). Pour ceux qui sont disposés à la névrose de contrainte, voilà peut-être l'occasion de réagir avec une obéissance exagérée qui couvre une colère impuissante. Cette situation prototypique laisse des traces dans la névrose de contrainte ultérieure, de sorte que les symptômes restent à jamais liés à l'atmosphère de l'érotisme anal. Dans la rébellion impuissante contre l'éducation à la propreté, la pulsion de colère est liée à la « pulsion érogène de saleté » (Freud 1974a : 249). Cette problématique pulsionnelle double – pulsions de colère et de saleté – se retrouve alors dans les « leurs usages, cérémonies, etc., scatologiques... » (Freud 1905d : 122) et dans l'obsession compulsive d'ordre et de propreté. C'est ainsi que la compulsion à nettoyer est à la fois une manifestation et une défense par excellence contre une vraie colère réprimée, et une lutte contre tout ce qui est sale et dégoûtant - ce qui permet en même temps de s'en occuper sans cesse.

Tout le monde ne présente pas la même sensibilité vis-à-vis du problème de la colère acharnée et de rébellion têtue. Selon Freud, cette diversité oblige à postuler une « disposition à la névrose de contrainte » : la tendance d'une personne à devenir hystérique, de contrainte ou paranoïaque ne dépend pas des évènements accidentels qui jalonnent l'histoire du sujet, mais plutôt d'une sensibilité innée et héréditaire en rapport avec une problématique pulsionnelle spécifique. Loin que l'abandon de la théorie de la séduction ne mène à la découverte de l'importance des fantasmes œdipiens - comme veut nous faire croire un mythe fort répandu sur les origines de la psychanalyse, ce tournant effectué en 1897 conduit en réalité, comme nous le voyons ici, à la réaffirmation du rôle dominant de la disposition et de la constitution sexuelle[6].

Conclusion

Nous avons essayé, dans cet exposé, de décrire les différents aspects de la disposition de contrainte comme une unité clinique, structurée autour *d'une* colère réprimée. La confusion entre haine et colère, qu'on retrouve dans les textes freudiens sur la névrose de contrainte, est responsable tant de l'introduction du « complexe paternel » – et donc d'une « œdipianisation » par trop facile de cette névrose – que de l'opposition théorique artificielle entre une « problématique pulsionnelle » et des « mécanismes de défense psychique ». Une phénoménologie de la colère réprimée, par contre, permet non seulement de rendre intelligible le mécanisme de défense qui caractérise la névrose de contrainte (le déplacement) mais aussi de mettre en exergue le lien entre la névrose de contrainte et les impulsions anales-érotiques et sadiques, éléments qui se trouvent dans le prolongement de la dynamique interne de la colère.

6 Dans *Mes vues sur le rôle de la sexualité dans l'étiologie des névroses*, Freud est clair : « Avec le recul des influences accidentelles de l'expérience de vie, les facteurs de la constitution et de l'hérédité devaient reprendre le dessus, mais avec cette différence par rapport à la manière de voir habituellement dominante, que chez moi la « constitution sexuelle » prenait la place de la disposition névropathique générale » (Freud 1906a : 314).

Références bibliographiques

Deleuze, G. (1967) : *Présentation de Sacher-Masoch*. Paris, Editions de minuit, 1967.

Freud, S. (1895d)* : *Etudes sur l'hystérie*, Œuvres Complètes, vol. II, Paris, P.U.F., 1985.

Freud, S. (1905d) : *Trois Essais sur la théorie sexuelle*. Œuvres Complètes, vol. VI, P.U.F., 2006.

Freud, S. (1906a). *Mes vues sur le rôle de la sexualité dans l'étiologie des névroses*. Œuvres Complètes, vol. VI, P.U.F., 2006.

Freud, S. (1909d) : *Remarques sur un cas de névrose de contrainte*, Œuvres Complètes, vol. IX, P.U.F, 1998.

Freud, S. (1913i) : *La disposition à la névrose de contrainte*. Œuvres Complètes, vol. XII, P.U.F., 2005.

Freud, S. (1915c) : *Pulsions et destins des pulsions*. Œuvres Complètes, vol. XIII, Paris, P.U.F, 1998.

Freud, S. (1974a) : *L'Homme aux rats. Journal d'une analyse*. Paris, P.U.F., 1974.

Scheler, M. (1928) : *Nature et formes de la sympathie. Contribution à l'étude des lois de la vie émotionnelle*. Paris, Payot, 2003.

Van Haute, P. & Geyskens, T. (2010a) : *«Je ne crois plus en mes 'neurotica'» Trauma et disposition sexuelle après l'abandon de la théorie de la séduction*, dans *Psychanalyse et philosophie : des liaisons dangereuses ?* Sous la direction de Monique David-Ménard, Paris, Campagne Première, 2010.

* La lettre situe l'ouvrage dans la chronologique des publications de l'année mentionnée.

Caïn contre Œdipe
L'agressivité humaine et ses enjeux

Jens De Vleminck

Présentation

On connaît le panthéon clinique freudien: Anna O., Dora, Hans, l'Homme aux rats, l'Homme aux loups... pour ne citer que ses représentants les plus célèbres. Cette mythologie moderne pouvait-elle ne pas se rattacher à l'ancienne? Il est, en effet, dans la nature des dieux et des héros de descendre les uns des autres et d'expliquer, par leurs origines, une part de leur propre destin. La psychanalyse freudienne semble relever de cette logique d'affiliation quand elle fait d'Œdipe une sorte d'ancêtre commun dont elle retrouve le profil en chacun de nous. Or le choix de l'ancêtre en dit long sur l'idée que l'on se fait de sa supposée descendance. Ainsi, en choisissant Œdipe et en écartant le personnage symétrique d'Electre, proposé par Jung pour catégoriser la libido de la petite fille, Freud opta théoriquement pour un primat du masculin: la sexualité féminine ne serait qu'une complication de la sexualité masculine. De son côté, le paradigme œdipien ne privilégie pas seulement une forme de sexuation déterminée. Il relègue également un mode d'expression psychique, l'agressivité, au profit d'un autre qui est, inversement, mis en avant: la sexualité. Pour Freud, en effet, toute la violence que contient l'histoire d'Œdipe est à rapporter aux aspirations sexuelles en direction de la mère. La poussée agressive n'a, à ses yeux, qu'une source et que des enjeux érotiques. C'est ce point aveugle du schéma œdipien que Jens De Vleminck se propose de mettre en évidence dans cet article.

Pour bien comprendre ce que le complexe d'Œdipe à la fois dévoile et recouvre, en matière d'agressivité, l'auteur choisit de comparer la perspective freudienne à celle d'un de ses héritiers hétérodoxes, Lipót Szondi. Ce psychiatre hongrois, dont les travaux ont été largement influencés par la psychanalyse, a mis en avant la figure de Caïn, résistant ainsi à l'hégémonie que le roi de Thèbes conquérait dans la pensée freudienne dès la fin des années 1910 puis, rapidement, au sein de la communauté analytique elle-même. Par cette préférence accordée au héros biblique, Szondi entend mettre au cœur de la psyché humaine une haine, une colère, une destructivité que Freud a, de son propre aveu, longtemps minimisée dans ses analyses. Il faut attendre le tournant du nouveau dualisme de 1920, avec l'appel à une mythologie encore plus archaïque, celle de l'Eros, divinité de la première génération selon la Théogonie *d'Hésiode, pour que la psychanalyse s'ouvre à l'idée d'une source pulsionnelle propre, et non sexuelle, de l'agressivité. A la lumière d'une construction psychanalytique alternative à celle de Freud, Jens De Vleminck nous invite à réfléchir sur le cas Œdipe et sur son rôle dans l'avènement tardif du chantier freudien de la pulsion de mort. Il jette un éclairage original, pour finir, sur les enjeux de la monographie consacrée à l'Homme aux rats.*

G.R.

« Aucune notion n'a causé tant de problèmes à Freud que la notion d'agressivité, [aussi bien] pour préciser son sens définitif [que] pour lui donner une place dans la classification théorique des pulsions. »

(Szondi 1980 : 121)

Le lien entre mythe et psychanalyse est fort. Freud affectionnait la mythologie grecque et cette prédilection a sans doute contribué à la promotion progressive de la figure d'Œdipe dans l'élaboration de ses pensées. La contribution qui suit tente de montrer que cette orientation engage une approche partielle et unilatérale d'un des aspects les plus problématiques de l'existence humaine, à savoir l'agressivité. Freud réduit en effet celle-ci à son expression sexuelle en la comprenant comme issue du sadisme et/ou de la pulsion de mort. Nous voudrions envisager une autre compréhension psychanalytique de l'agressivité humaine que rend possible la prise en considération du mythe de Caïn et Abel tel que le psychiatre hongrois Lipót Szondi (1893-1986) l'interprète. Par l'introduction de ces deux célèbres frères bibliques, véritables symboles du destin de l'homme, Szondi propose une alternative à la souveraineté quasi absolue du roi Œdipe dans la psychanalyse freudienne.

Le mythe de la horde primitive

Freud a progressivement fait de la figure d'Œdipe le fil d'Ariane par lequel il s'est orienté dans le labyrinthe de l'esprit humain. Dans cette évolution, *Totem et Tabou* (1912-1913) représente une étape décisive. Spéculant sur les origines de la société et de la religion, cet ouvrage relie l'ontogenèse du petit enfant à un événement qui aurait eu lieu dans la préhistoire de l'homme. Le complexe d'Œdipe reproduirait un moment du développement de l'espèce humaine : l'ontogenèse répèterait la phylogenèse. Cette remontée vers les sources de l'humanité conduit Freud à imaginer un acte de violence originel dans le contexte d'une horde primordiale où le père primitif aurait refusé à ses fils l'accès aux femmes. Mais un jour les fils se sont mis d'accord pour assassiner le père et pouvoir approcher sexuellement les femmes. Selon ce « mythe scientifique du père de la horde primitive » (Freud 1921c: 74), parricide et inceste sont étroitement liés. Ce meurtre collectif serait le prototype et l'origine phylogénétique des désirs et fantasmes œdipiens des individus civilisés en général et tout particulièrement des névrosés. A partir de *Totem et Tabou*, l'Œdipe, « complexe nucléaire de toutes les névroses » (Freud 1912-13: 346), devient une référence centrale qui oriente le choix d'objet libidinal, le premier comme les suivants, et est également constitutif de l'émergence du sujet dans son identité sexuelle et socioculturelle. En renouant avec la tragédie de Sophocle, Freud fait d'Œdipe le symbole de la tragédie du destin humain dans toutes ses facettes: « Héros antique, écrit Jean Starobinski, Œdipe symbolise l'inconscient universel déguisé en destin » (Roudinesco 1999: 153). Il s'agit d'un de « ces schèmes congénitaux phylogénétiques qui, comme des « catégories » philosophiques, assurent le classement des impressions de la vie. Je voudrais soutenir la conception qu'il s'agit de précipités de l'histoire culturelle des hommes. Le complexe d'Œdipe, qui englobe la relation de l'enfant aux parents, en fait partie, plus encore il est l'exemple le mieux connu de cette espèce » (Freud 1918b: 117).

Que le mythe d'Œdipe enveloppe un contenu sexuel n'est pas surprenant. D'une façon générale, le mythe, comme la plupart des rêves, se rapporte très souvent, d'après Freud, aux désirs sexuels refoulés. C'est par l'étude de la sexualité infantile que la mythologie trouve son véritable sens: «Je saisis cette occasion pour vous assurer que la mythologie et le monde des contes ne peuvent devenir compréhensibles qu'une fois connue la vie sexuelle infantile» (Freud 1926e: 35). Inversement, la sexualité se développe sous l'emprise croissante du complexe d'Œdipe comme le montrent les cinq éditions successives des *Trois Essais sur la théorie sexuelle* entre 1905 et 1924. Ainsi, l'Œdipe finit-il par constituer le noyau du développement psychosexuel universel (Van Haute 2002).

Agressivité œdipienne

L'agressivité, Freud l'a inscrite à l'ordre du jour de la pensée psychanalytique et plusieurs de ses héritiers tels Jacques Lacan, Mélanie Klein, Donald Winnicott ou Wilfred Bion, lui ont également accordé une place centrale dans leur œuvre. Toutefois, selon le philosophe et psychanalyste américain Jonathan Lear, Freud n'aurait pas vraiment réussi à lui donner sa place dans la psyché humaine. La psychanalyse, soutient-il, « manque d'une théorie de l'agressivité humaine» (Lear 2000: 88). Elle cherche précisément à remédier à cette carence par l'introduction, en 1920, de la pulsion de mort comme « signifiant énigmatique» (ibid. 88). Mais, selon Lear, il ne s'agit là que d'un artifice et d'une solution illusoire.

Freud n'a toutefois pas attendu 1920 pour s'intéresser à l'agressivité. Les lettres à Fliess et surtout les *Trois Essais sur la théorie sexuelle* offrent une précieuse source d'information sur ce thème. Les motions agressives de l'enfant sont interprétées, en 1905, comme des avatars de la pulsion sadique. Plus tard, Freud intègrera le sadisme infantile dans les phases préœdipiennes orale et anale en parlant respectivement de sadisme oral et anal. Progressivement, le complexe d'Œdipe devient le creuset de l'agressivité infantile : la jalousie, la haine et les souhaits de mort envers le père dérivent du fait que ce dernier représente, aux yeux du petit garçon, un obstacle aux désirs sexuels envers la mère. En témoigne la monographie consacrée au Petit Hans, première étude de cas qui donne une place centrale au drame œdipien : «Il [Hans] est en effet, un petit Œdipe qui voudrait voir le père partir, l'avoir éliminé pour être seul avec sa mère si belle et coucher avec elle» (Freud 1909b : 98). Mais la poussée agressive peut aussi se diriger contre l'objet d'amour lui-même. Un exemple en est, toujours dans l'histoire de cas du Petit Hans, la fantaisie, dérivée de la phase phallique, qui explique le mystère infantile de l'origine des enfants par un «perçage» de la mère (ibid. 112). Les aspects sadiques de ce fantasme, ainsi que la haine du père, ont été refoulés dans l'inconscient de Hans. Freud conclut «que, dans notre cas de phobie, l'angoisse est à expliquer par le refoulement de ces penchants à l'agression, penchants hostiles envers le père et sadiques envers sa mère» (ibid. 122). Malgré le caractère hétérogène des impulsions mentionnées, Freud les réduit à n'être que des expressions de la pulsion sadique. Plus généralement, en ce qui concerne la question de la nature de l'agressivité humaine, il prend clairement position contre Alfred Adler qui, à travers l'hypothèse d'une «pulsion d'agression», défend une origine non sexuelle de la violence qui est en l'homme : « [J]e [voudrais] m'en tenir provisoirement à la conception habituelle qui laisse à chaque pulsion sa propre faculté de devenir agressive et dans les deux pulsions aboutissant chez notre Hans au refoulement, je reconnaîtrais des composantes, connues depuis longtemps, de la libido sexuelle» (ibid. 123). Dans le contexte de cette discussion, Freud réaffirme explicitement sa conception sadique de l'agressivité qui prévaudra jusqu'à l'introduction de l'hypothèse de la pulsion de mort dans *Au-delà du principe de plaisir* en 1920.

L'assomption grandissante du paradigme œdipien, au sein de la pensée freudienne, se traduit donc par une fermeture d'angle en ce qui concerne la question de l'agressivité. Le potentiel heuristique du mythe d'Œdipe semble trop limité pour une compréhension globale et différenciée du fait agressif.

Dans ce qui suit, nous voudrions rouvrir le champ de réflexion à l'aide d'une autre perspective mythologique.

Au commencement était l'acte

Le mythe qui nous confronte sans doute de la manière la plus tragique et absurde aux avatars de l'agressivité humaine, est celui de Caïn et Abel. Dans le récit biblique, la violence est première et non dérivée ; elle constitue un fait de premier plan, quasi *sui generis*. De plus, la rivalité n'est plus asymétrique et intergénérationnelle comme dans le mythe grec mais se situe désormais directement entre les enfants : il s'agit d'une conflictualité entre « égaux » qui n'est pas un effet dérivé de la convoitise œdipienne.

Le mythe de Caïn et Abel est ancré structurellement dans la tradition judéo-chrétienne aussi bien qu'islamique. Dans les livres saints des trois religions abrahamiques, la Bible, la Torah et le Coran, Caïn et Abel sont les premiers enfants de l'homme, nés des premiers ancêtres de la famille humaine. Par l'assassinat de son frère, Caïn devient le premier meurtrier. L'assassinat lui-même fonctionne comme « scène primitive » où apparaît quelque chose d'essentiel. Après avoir quitté l'état paradisiaque d'Eden, l'enfant de l'homme montre son véritable visage. Cette éruption de violence meurtrière forme un « fait primitif » à l'orée de la culture humaine. La mémoire de cette violence originelle reste vivante dans la tradition culturelle, à travers la reprise interminable du motif de Caïn et Abel dans la mythologie de cultures et de traditions des plus différentes. Au sein de l'histoire des idées occidentales, la prolifération du mythe de Caïn et Abel est impressionnante dans la création artistique. Les figures de Caïn et Abel ont également prouvé leur nature immortelle en théologie et en philosophie. Eu égard à l'importance interculturelle de cette figure biblique, on est étonné de ne retrouver que très peu de trace des deux frères dans l'œuvre freudienne sachant que Freud nourrissait un intérêt presque obsessionnel pour la mythologie. Ce « juif athée » connaissait parfaitement la Bible hébraïque ainsi que la tradition juive. Dans ses écrits, il y renvoie plus de quatre cents fois. Pourtant, il ne mentionne qu'une seule fois Caïn et la scène primitive du fratricide. Ce mythe est comme une tache aveugle de la mythologie psychanalytique.

Caïn et Abel n'auraient-ils rien à apprendre à la psychanalyse ? L'œuvre de Lipót Szondi nous convainc du contraire. Aucun auteur analytique n'a montré tant de fascination pour ces frères ennemis que ce psychiatre et psychanalyste. Comme jeune médecin d'origine juive-hongroise, Szondi, ainsi que beaucoup d'autres Juifs, a connu de près les affres de la seconde guerre mondiale. Au camp de concentration allemand de Bergen-Belsen, il fit l'épreuve de l'inhumanité et de l'agressivité sous toutes ses formes (Bürgi-Meyer 2000 : 63-81). Mais en 1937 déjà, il analysait les désirs et les motifs inconscients de l'homme à partir de la notion centrale de *Schicksal* (« fatalité » ou « destin ») par laquelle il entend élargir la perspective de la psychanalyse freudienne. Son œuvre comprend huit monographies volumineuses et une série d'articles. Le crime de Caïn traverse ses travaux comme un fil rouge en nous confrontant, de façon magnifiée et excessive, aux horribles possibilités de la vie pulsionnelle de l'homme. L'agressivité de ce geste meurtrier évoque quelque chose dont chaque être humain est capable. La fascination inépuisable de Szondi pour cet épisode biblique aboutira à son livre *Kaïn* (1969) qui s'ouvre sur cette déclaration provocante : « Caïn règne sur le monde. Nous conseillons à ceux qui en doutent de lire l'histoire du monde » (Szondi 1969 : 5). Avant de traiter plus avant la signification structurelle de ce mythe dans la perspective de Szondi, arrêtons-nous brièvement sur son contenu.

Le mythe de Caïn et Abel

Partons du récit biblique intégral que l'on trouve dans le livre de la *Genèse* (chapitre 4 : 1-16) de l'*Ancien Testament* :

« [1] L'homme (l'humain) a couché avec sa femme Eve ; elle a été enceinte et a mis au monde Caïn, et elle a dit : « Par la grâce du Seigneur, j'ai mis au monde un enfant mâle. » [2] Ensuite elle a accouché d'Abel, son frère. Abel devint berger et Caïn agriculteur. [3] Après un temps, Caïn apporta en offrande au Seigneur des fruits de la terre. [4] Abel aussi apporta en offrande les premiers-nés de ses meilleurs moutons. Le Seigneur jeta un regard bienveillant sur Abel et son offrande, [5], mais ne prêta pas attention à Caïn et son offrande. Une rage sauvage se rendit maître de Caïn et son visage s'assombrit. [6] Le Seigneur dit à Caïn: « Pourquoi es-tu en rage, et pourquoi ton visage est-il si furieux ? [7] Si tu fais le bien, il y aura de la joie, mais si tu ne fais pas le bien, le péché se présentera à ta porte, prêt à se rendre maître de toi. Pourras-tu lui tenir tête ? » [8] Alors Caïn dit à son frère Abel : « Allons faire une promenade ». Dehors, Caïn attaqua son frère et le tua. [9] Le Seigneur dit à Caïn : « Où est ton frère Abel ? » Il répondit : « Je ne sais pas. Suis-je le gardien de mon frère ? »

[10] Et il dit: «Qu'as-tu fait? Entends le sang de ton frère qui m'appelle de la terre! [11] Par conséquent tu es maudit, banni de la terre qui a ouvert sa bouche pour recevoir de ta main le sang de ton frère! [12] La terre que vous cultivez ne vous rapportera plus rien, vous serez un errant et un vagabond sur la terre!» [13] Caïn dit au Seigneur: «Cette peine est trop lourde à porter. [14] Vous me chassez de la terre cultivée, et je vais devoir rester loin de vous. Je serai un errant et vagabond sur la terre, et tous ceux qui me rencontreront pourront me tuer». [15] Mais le Seigneur répondit: «Non! N'importe qui tuerait Caïn le payera au septuple!» Et le Seigneur donna à Caïn une marque, pour empêcher que quiconque qui le rencontra le tue. [16] Puis, Caïn s'éloigna de la proximité du Seigneur et s'établit dans la terre de Nod, à l'Est d'Eden»[1].

Szondi, ayant grandi dans une famille juive-hongroise traditionnelle, était familiarisé avec cette histoire de l'Ancien Testament dans la Bible hébraïque. Dans son étude sur Caïn, il ajoute à cette version les commentaires de texte des rabbins et des scribes. Ceux-ci, à leur tour, sont complétés par des variantes de l'histoire extraites de légendes juives, des mythes et sagas. Ces passages originaires de la Haggadah offrent, avec une série de textes kabbalistiques médiévaux, la source d'inspiration majeure des interprétations szondiennes.

Ce qui est particulièrement intéressant, dans le mythe fraternel biblique, est que la scène du crime primitif est enveloppée d'épais brouillards. L'assassinat survient brutalement et est rapportée de façon très elliptique: «Alors Caïn dit à son frère Abel: «Allons nous promener». Dehors Caïn tua son frère» (*Genèse* 4:8). Le meurtre de Caïn surprend le lecteur comme un coup de tonnerre dans un ciel serein. La concision cryptique du texte a suscité beaucoup d'interprétations, souvent fort contrastées. Le mythe ne cesse de se revivifier par ce qu'il stimule dans l'imagination de ses lecteurs. Et c'est la figure de Caïn qui prend une place prééminente dans la perspective de Szondi. Déjà dans le récit biblique, l'accent est mis sur un Caïn extraverti qui se place sur l'avant-scène, comme le seul qui parle à Yahvé et qui portera à Abel, victime taciturne et introvertie, l'ultime coup de grâce. Szondi souligne la parenté étymologique entre Caïn et le mot hébreu «kana», qui signifie «créé par Dieu», «acquis par achat», «possession» ou «propriété» (Szondi 1969: 22-23). Mais Szondi se réfère également aux Pères de l'Église: «Caïn» signifie chez Tertullien «fils de la vengeance», tandis que le même nom chez Eusèbe de Césarée et Clément d'Alexandrie, signifie la «jalousie», l'«envie» et le «mouvement intense, passionné» (ibid. 23). Parmi la prolifération inépuisable des interprétations

[1] Traduit par l'auteur à partir de la version néerlandaise du texte biblique (De Bijbel: Willibrordvertaling, 2008, 's-Hertogenbosch, KBS). [Note de l'éditeur].

du récit biblique, il retient la haine et l'envie comme principaux motifs du crime. Mais au-delà de l'éventuelle jalousie ou possessivité sexuelle de Caïn, le mythe raconte surtout, à ses yeux, l'histoire d'une humiliation, d'une haine et d'une colère qui témoignent de l'éternelle défaillance humaine.

Les ancêtres et l'inconscient familial

Selon Szondi, le mythe de Caïn et Abel révèle un noyau universel et anhistorique de l'existence individuelle singulière : « Le Caïn qui vit parmi nous et, en nous, demeure en tout temps le même Caïn que l'âme populaire avait projeté dans la Bible et dans les Sagas » (ibid. 48). Le Caïn mythique est la « projection » d'une structure héréditaire fondamentale de notre inconscient pulsionnel. Il est, dans sa forme, le précipité amplifié du contenu de désirs inconscients qui perdurent en chacun de nous. Caïn et Abel agissent en tant que « symboles », en tant que *Gestalt* de la mythologie et nous confrontent à nos propres possibilités « destinales » : Szondi parle en effet du destin caïnesque et abélique (*Kaïn- und Abelschicksal*) de tout individu humain (ibid. 12).

La signification du « symbole », chez Szondi, est très apparentée à ce que Jung appelle « archétype ». Selon ce dernier, un archétype ne se manifeste jamais comme tel mais seulement à travers diverses formes d'images (Jung 1947/1954 : 213). Chez Szondi, quelque chose d'analogue se passe avec les symboles de Caïn et Abel : ils ne se montrent jamais directement comme tels mais opèrent par et dans le destin de chaque homme. La variété des formes sous lesquelles les destins caïnesques et abéliques (*Kaïn- und Abelschicksal*) s'expriment, est héréditairement déterminée. Cet « inconscient familial » est la pierre d'achoppement de la psychanalyse szondienne (*Schicksalsanalyse*). Il constitue une troisième dimension de l'inconscient, qu'il convient de distinguer de l'inconscient personnel de Freud et de l'inconscient collectif de Jung (Szondi 1956 : 61). De façon manifeste ou latente, le sujet est « porteur » de certains souhaits et exigences qui remontent à des expériences d'ancêtres (*Ahnenansprüche*). La manière dont le potentiel pulsionnel familial héréditaire déterminé trouve à s'appliquer dans l'expérience décide du caractère de l'existence individuelle. Sur le plan clinique, l'homme est, aux yeux de Szondi, un être constitutionnellement « pathologique polymorphe ». La pathologie n'est qu'une des nombreuses manifestations de la prédisposition génétique. La « normalité » trouve son origine dans la même racine pulsionnelle. Illustrons-le au travers de la pulsion paroxystique qui occupe une place centrale dans l'analyse, proposée par Szondi, des figures de Caïn et Abel.

Paroxysmalité (Paroxysmalität)

La pulsion paroxystique connaît dans la *Schicksalsanalyse* szondienne un champ d'application propre, à côté de celui de la sexualité. Elle se distingue par le caractère de surprise et d'attaque de ses manifestations. Hippocrate désignait par « paroxystique » l'augmentation rapide et « surprenante » des symptômes de la maladie vers une acmé (Szondi 1963 : 326). Des exemples connus de telles attaques ou « paroxysmes » sont la fièvre, l'épilepsie, l'hystérie et la crise cardiaque. Szondi considère la pulsion paroxystique ou « de surprise » (*Überraschungstrieb*) comme une « pulsion » de protection (*Schutztrieb*) manifestée en réponse à une menace extérieure ou intérieure. Une menace de ce type déclenche une crue subite d'affect, d'énergie accumulée qui est ensuite évacuée par une explosion émotionnelle. Szondi distingue les paroxysmalités dites « épileptiformes » de celles qualifiées d' « hystériformes ». La différence tient au type d'émotion activée et évacuée explosivement à travers une attaque. La notion de paroxysmalité offre, selon Szondi, la clé pour élucider l'énigme du fratricide. Dans l'analyse de l'assassinat d'Abel, il reconnaît le déploiement d'une agression épileptiforme. La figure de Caïn montre, de façon agrandie, ce dont l'homme est capable : elle est le symbole de l'*homo paroxysmalis*. L'explosion agressive passe, en règle générale, par trois phases que l'on retrouve dans le récit biblique. La première est la « phase paroxystique » qui comprend l'inflammation, l'ébullition d'une colère grandissante. Dans la deuxième phase, dite « épileptiforme », les affects accumulés atteignent une intensité inouïe, qui entraîne une décharge explosive dans l'attaque colérique. Les affects bruts sont déchargés comme des projectiles meurtriers aveugles conduisant à une destruction partielle ou totale de l'objet ennemi. Après l'accalmie de la tempête émotionnelle, vient en général une troisième phase de réparation (*Wiedergutmachung*). Pendant cette « phase hyper-éthique ou hyper-religieuse » apparaît le remords, un sentiment d'angoisse ou de culpabilité et, souvent, un désir de réparation des dommages causés. Quelque chose de l'humilité de l'homme apparaît pendant cette phase que Szondi associe au personnage d'Abel. La figure de ce dernier joue un rôle quasi invisible dans le commentaire de Szondi, mais elle coïncide avec le désir de réparation qui suit le meurtre inhumain. Cette nature « abélique » humble et douce ne semble apparaître chez Caïn qu'avant ou après l'attaque, quand, par exemple, il offre son sacrifice à Yahvé. Chaque Caïn recèle donc un Abel.

Psychopathologie de Caïn

Le « pur » Caïn, comme nous le voyons à l'œuvre dans le mythe, est l'archétype, chez Szondi, du mode psychopathologique de la pulsion paroxystique. La pathologie apparaît sous la figure de l'*Anfallsmensch* (l'homme de l'attaque) quand la paroxysmalité épileptiforme s'affranchit de tout facteur modérateur de nature hystériforme. Cette configuration pathologique n'est certainement pas commune. Le suicide, comme suite d'une crise épileptiforme paroxystique, ne représente qu'une forme extrême au sein du continuum de la normalité à la psychopathologie. Szondi inscrit dans cette même destinée clinique des formes plus communes comme l'épilepsie, la migraine et le bégaiement. À côté des expressions antisociales ou meurtrières, que Szondi retrouve chez des criminels de guerre et les pyromanes, la même disposition s'exerce de manière socialisée dans des professions comme boulanger ou pompier ou dans les métiers « soignants » de pasteur ou d'infirmière. La paroxysmalité épileptiforme se manifesterait sous une forme sublimée, dans l'éthique et la religion.

Mais revenons à la pathologie en nous demandant, avec Szondi, si un homme de nature « caïnesque » peut devenir un névrosé (Szondi 1969 : 115). Le psychanalyste hongrois reconnaît une part de pulsion paroxystique dans la névrose et parle de ces patients comme de « névrosés de l'attaque » (ibid. 54). Chez ces derniers, il ne s'agit pas tant de la répression du sexuel que de puissantes impulsions épileptiques paroxystiques. À côté du complexe d'Œdipe, il faudrait ainsi reconnaître un « complexe de Caïn » : les malades de l'attaque qui « accumulent les affects rudes pour tuer l'ennemi imaginaire, le rival, nous disons qu'ils souffrent du « complexe de Caïn » » (ibid. 54). Le conflit à l'œuvre dans le complexe inconscient de Caïn oppose l'amour du Père et l'agressivité vis-à-vis du frère préféré par le Père. Les symptômes névrotiques, qui correspondent à ces impulsions conflictuelles refoulées, ont le caractère d'une attaque agressive sur la personne propre. Cette auto-agression s'observe dans les névroses obsessionnelles, les phobies et les symptômes psychosomatiques comme la migraine, la tachycardie, l'asthme et l'eczéma.

Avec l'introduction de la figure de Caïn, Szondi subvertit radicalement le schéma freudien de l'Œdipe. Les deux complexes existent côte à côte, de façon autonome (ibid. 117). Chacun pointe une spécificité de la problématique humaine : dans le complexe d'Œdipe, il est question de la communauté de la famille et de l'importance de la reconnaissance du père ; dans le complexe de Caïn, l'accent se déplace vers la création d'une famille humaine, avec la possibilité d'une reconnaissance positive de l'autre comme prochain (ibid. 118 ; voir sur ce point Vergote 1971). L'introduction, par Szondi, de la pulsion paroxystique met donc à jour un registre de l'agressivité humaine différent de l'agressivité sexuelle sadique privilégiée par l'Œdipe. La décharge explosive de la colère et de la haine accumulée renvoie à une origine pulsionnelle non-sexuelle, s'exprimant de manière épileptique dans le fratricide sanglant. L'agressivité paroxystique n'exclut toutefois pas d'être combinée à des tendances sexuelles.

L'épilepsie et la pulsion de mort chez Freud

L'accent particulier mis par Szondi sur l'épilepsie comme psychopathologie « essentielle » et comme origine de l'agressivité paroxystique, contraste avec le sort très discret que Freud réserve à ce trouble psychiatrique majeur. Pourtant, l'épilepsie n'a pas échappé à l'attention de Freud comme en témoigne la fascination qu'exerçait sur lui l'œuvre de Fiodor Dostoïevski. Les personnages du romancier russe sont souvent des criminels ou des prêtres. Même si Freud n'a jamais explicitement soutenu une quelconque distinction qualitative entre l'agressivité épileptique et sadique, il esquisse, dans ses derniers écrits, une forme de reconnaissance d'une agressivité proprement épileptique. A posteriori, nous pourrions donc dire que Freud a, en un certain sens, ouvert la voie de la problématique szondienne de la paroxysmalité.

Les analyses de *Dostoïevski et le parricide*, texte rédigé en 1927, pointent mais de façon hésitante l'importance potentielle de l'épilepsie comme « apparente entité clinique ». Freud distingue deux types d'épilepsie : une organique et une autre « affective » : dans le premier cas, il s'agit de quelqu'un qui est « malade du cerveau », tandis que, dans le second cas, il s'agit d'un « névrosé » (Freud 1928b : 211). Dans les deux cas, la crise d'épilepsie met à jour « l'identité du mécanisme d'éconduction pulsionnelle » (ibid. 211). Freud interprète l'attaque ou « la perturbation » de l'épilepsie affective comme une « expression de la vie d'âme elle-même » (ibid. 212). Pour autant, les crises d'épilepsie sont encore rapportées au schéma œdipien. Elles constituent une punition en réaction aux désirs de mort dirigés contre le rival paternel. Freud interprète ces désirs de mort épileptiques comme une forme d'hystérie : « Hystéro-épilepsie, c'est-à-dire comme hystérie grave » (ibid. 210). Il s'agit encore de motions sadiques retournées en autopunition masochique contre la personne même. Aucune reconnaissance, donc, d'une quelconque positivité de la poussée agressive telle que Szondi s'efforce de la penser à travers sa catégorie de paroxysmalité épileptiforme. La crise d'épilepsie est conçue comme une vicissitude du drame œdipien.

L'intérêt porté par Freud au modèle épileptique de décharge pulsionnelle, apparaît au même moment que l'introduction de la pulsion de mort. Avec la publication de *Au-delà du principe de plaisir* (1920), la pulsion de mort et la pulsion de vie (Éros) deviennent les pulsions fondamentales et irréductibles. Freud « tente de résoudre l'énigme de la vie en faisant l'hypothèse que ces deux pulsions (...) sont en lutte l'une contre l'autre dès les primes origines » (Freud 1920g: 335 note). Il introduit également les expressions de « mixtion (*Mischung*) pulsionnelle » et de «désintrication (*Entmischung*) pulsionnelle » pour indiquer à quel point « les deux types de pulsions se lient, se mélangent, se combinent » (Freud 1923b: 284). Freud illustre la relation particulière de la pulsion de vie et de la pulsion de mort par le sadisme: « Dans la composante sadique de la pulsion sexuelle nous aurions devant nous un exemple classique de mixtion pulsionnelle au service d'une fin, dans le sadisme devenu autonome comme perversion, le prototype d'une démixtion, à la vérité non poussée jusqu'à l'extrême » (ibid. 284). Le texte fait ici allusion à l'agressivité épileptique. La pulsion de mort, initialement liée et tempérée par Éros, s'exprime, suite à la démixtion pulsionnelle, sous la forme d'une crise d'épilepsie: « Nous reconnaissons que la pulsion de destruction est régulièrement mise au service d'Éros aux fins d'éconduction, nous pressentons que l'accès épileptique est le produit et l'indice d'une démixtion pulsionnelle, et nous apprenons à comprendre que parmi les succès de maintes névroses graves, par exemple des névroses de contrainte, la démixtion pulsionnelle et le surgissement de la pulsion de mort méritent une prise en compte particulière » (ibid. 284-285). Freud fait ici explicitement référence à une agressivité épileptique non-sexuelle, qu'il s'agit de comprendre à partir des destins de la démixtion de la pulsion de mort. Il semble ainsi s'approcher de l'agressivité épileptiforme-paroxystique de Szondi. Mais il ne va pas jusqu'à franchir le pas et continue à comprendre l'agressivité à partir du sadisme, où la pulsion de mort se manifeste comme étant sexuellement liée par Éros.

Relecture de L'Homme aux Rats

Venons-en au cas freudien qui met probablement le plus en avant la question de l'agressivité inconsciente, à savoir l'Homme aux Rats[2]. Par contraste avec les analyses de Szondi, l'analyse freudienne sous-évalue l'ampleur et la nature de la violence dont le sujet est porteur. On peut pointer, en effet, aisément des traces d'agressivité paroxystique dans la personnalité du patient: « Lorsqu'il [l'Homme aux Rats] était encore très petit (...) il doit avoir fait quelque chose de mal, ce pourquoi le père l'a rossé. Le petit marmot est alors entré dans

[2] On pourra rapprocher l'analyse de Jens De Vleminck ici de l'article précédent consacré, lui, plus directement à l'Homme aux rats. [Note de l'éditeur].

une effroyable fureur et, tout en continuant à recevoir des coups du père, il s'est mis à injurier celui-ci. Mais comme il ne connaissait encore aucun mot d'injures à l'époque, il lui aurait donné tous les noms d'objet qui lui venaient à l'idée, disant : Toi lampe, toi serviette, toi assiette, etc. Le père, bouleversé à la suite de cette éruption élémentaire, arrêta net ses coups et déclara : « Ce gosse deviendra soit un grand homme, soit un grand criminel ! » Il estime que l'impression faite par cette scène, aussi bien sur lui que sur le père, a eu un effet durable. Le père ne l'a plus jamais rossé ; mais lui-même fait dériver de cette expérience vécue une partie de la modification de son caractère. C'est par angoisse devant l'intensité de sa fureur qu'il est depuis devenu lâche. D'ailleurs, toute sa vie durant, il a eu une angoisse effroyable devant les coups et il se terrait par épouvante et par indignation lorsque l'un de ses frères et sœurs était rossé » (Freud 1909d : 177).

Dans son analyse théorique, Freud ne va pas au-delà de l'interprétation de la haine infantile pour le père qui se manifeste dans l'attaque agressive, dans le sens du « sadisme, continuant à agir dans l'inconscient en tant que haine » (Freud 1909b : 207). Rien du caractère « caïnesque » de l'attaque de rage du jeune Homme aux Rats n'est thématisé ici. Indépendamment du fait que l'agressivité dont il est question puisse avoir un caractère sexuel, il faut bien reconnaître en elle une crise d'un autre ordre : l'Homme aux Rats est un petit Caïn chez qui l'affectivité rude retenue explose dans une « rage sauvage » (Genèse 4 : 5). L'intensité de cette agressivité est, à première vue, tout à fait disproportionnée par rapport à la raison évoquée. Père et fils sont totalement surpris par ce « déchaînement élémentaire », cette « effroyable fureur » (ibid. 177). Le changement de caractère qui suit cette crue d'affects peut se comprendre à partir de la troisième phase du complexe de Caïn : la phase de la réparation reliée à la culpabilité qui suit l'attaque (Szondi 1980 174). La nature « caïnesque » de l'Homme aux Rats disparaît alors à la faveur d'une nature « abélique ». L'Homme aux Rats redevient fils exemplaire, ayant horreur de l'agressivité.

Abstraction faite de la nature de la colère de l'Homme aux Rats, la réaction de son père a également un air très szondien. La manifestation pathologique de la pulsion « du petit Caïn » révèle quelque chose de sa nature paroxystique. Mais, on l'a dit, la même structure paroxystique peut s'exprimer de plusieurs façons, pathologique ou non, selon la manière dont l'individu est amené à faire usage de ses possibilités. C'est là tout le sens de ce que dit le père de l'Homme aux Rats quand il évoque la terrible alternative du « grand homme » ou du « grand criminel ! » (Szondi 1973 : 205). L'Homme aux Rats orientera son destin « caïnesque » socialisé dans la profession juridique. Il fera usage de son agressivité épileptiforme-paroxystique de manière positive pour défendre la loi. Le Caïn «abélisé» ira jusqu'à devenir un Moïse. Szondi comprend l'agressivité meurtrière de Caïn, la culpabilité qui la suit, la tendance à la réparation d'Abel, et l'introduction de la loi par Moïse, comme les étapes d'une même dynamique pulsionnelle (ibid. 114-120).

L'agressivité au-delà de la pulsion d'agressivité

Si la notion de «paroxysmalité» relativise bel et bien, comme nous l'avons montré, le rôle de l'agressivité sexuelle, elle ne l'annule toutefois pas. Pour Szondi, l'agressivité paroxystique ne détient pas le monopole, dans l'analyse, du fait agressif et il serait même absurde, à ses yeux, comme pour Freud dans son débat avec Adler, de parler de pulsion d'agressivité ou de destruction. L'agressivité doit s'envisager dans une tension dialectique engageant plusieurs facteurs. Ainsi, dans le mythe biblique, à côté de la nature paroxystique du meurtre, des motifs sexuels jouent également un rôle. D'après certaines traditions déjà mentionnées plus haut, Caïn se serait intéressé à la femme qui avait été attribuée à son frère (Szondi 1969). L'envie et la jalousie déployées de façon extrême sont, en d'autres termes, également colorées par des motifs érotiques. Outre la possession sexuelle, Caïn est poussé par un désir d'appropriation en général qui, chez Szondi, relève de la pulsion du moi. La figure nomadique d'Abel, au contraire, n'acquiert pas sa valeur de ce qu'il possède: il sacrifie le premier-né de ses moutons à Yahvé, tandis que Caïn sacrifie les fruits de sa récolte. L'agressivité dévoile plus fondamentalement quelque chose d'une rage narcissique par laquelle Caïn a besoin de se distinguer de son jeune frère. Son rejet par Yahvé rend Caïn furieux. Cette non-reconnaissance, Szondi la met en rapport avec le facteur du «contact», et, par extension, avec le besoin d'attachement tel que le développera de son côté un autre psychanalyste hongrois, Imre Hermann (Hermann 1936). La jalousie vis-à-vis de son frère, peut s'entendre comme un désir agressif de rupture de tous les liens. Caïn est d'ailleurs puni par Yahvé par l'exil et l'errance éternels (Szondi 1969: 26-36).

Ainsi l'interprétation szondienne du mythe biblique donne-t-elle raison à Freud, dans son débat avec Adler, en soutenant qu'il n'y a pas de pulsion d'agression. L'agressivité est, pour Szondi, une propriété inhérente du pulsionnel: elle caractérise la pulsion. Toutefois, en accord cette fois avec Adler, Szondi confirme que Freud mise trop exclusivement sur la sexualité: le vecteur sexuel a son rôle à jouer dans la compréhension de l'agressivité, mais ce rôle est loin d'être seul et unique.

Conclusion

Dans *Malaise dans la culture*, Freud évoque la célèbre citation de l'auteur romain de comédie, Titus Maccius Plaute (Asinaria, II, 4, 88) : « *Homo homini lupus* [« L'homme est un loup pour l'homme »], qui donc, d'après toutes les expériences de la vie et de l'histoire, a le courage de contester cette thèse ? » (Freud 1930a: 298). La réflexion de Freud sur la tragédie et l'absurdité de l'agressivité humaine conduit, un peu plus loin dans le même texte, à une rétractation encore plus franche: « Je reconnais que nous avons toujours eu sous les yeux dans le sadisme et le masochisme les *cles manifestations, fortement alliées avec de l'érotisme, de la pulsion de destruction orientée vers l'extérieur et vers l'intérieur,* mais je ne comprends plus que nous ayons pu omettre de voir *l'ubiquité de l'agression et de la destruction non érotiques* et négliger de lui accorder la place qui lui revient dans l'interprétation de la vie » (ibid. 306. C'est l'auteur qui souligne).

Freud ne voit pas que sa conception de l'agressivité humaine est rendue unilatérale par l'importance théorique grandissante qu'il accorda, au fil du temps, au mythe d'Œdipe. L'audace avec laquelle il mit en avant la question sexuelle traduisait-elle une peur de faire face au plus sombre de l'homme, son aptitude à la destruction ? Freud préfère-t-il le profil policé d'un découvreur d'énigme à celui d'une brute barbare qui tue soudainement son frère ? Le pire de la barbarie que Freud a pu concevoir, pendant longtemps, est le meurtre collectif du chef de la horde originelle par lequel les meurtriers escomptent gagner la jouissance sexuelle des femmes du groupe. L'introduction de la dimension paroxystique de la pulsion offre non seulement un nouveau regard sur le concept freudien, quelque peu énigmatique, de pulsion de mort mais ouvre aussi la question du statut à reconnaître à l'agressivité dans la psyché humaine (Schweikert 2008). Szondi nous invite à accueillir Caïn et Abel comme les « fils prodigues » dont le retour ne peut que réconcilier la psychanalyse avec ce qu'elle a trop longtemps ignoré.

Références bibliographiques

Bürgi-Meyer, K. (2000) : *Leopold Szondi: Eine biographische Skizze*. Zürich, Szondi Verlag.

Freud, S. (1909b)* : *Analyse de la phobie d'un garçon de cinq ans*. Œuvres Complètes, vol. IX. P.U.F., 1998.

Freud, S. (1909d) : *Remarques sur un cas de névrose de contrainte*. Œuvres Complètes, vol. IX, Paris, P.U.F., 1998.

Freud, S. (1912-1913) : *Totem et tabou.* Œuvres Complètes, vol. XI, P.U.F., 1998.
Freud, S. (1918b) : *A partir de l'histoire d'une névrose infantile.* Œuvres Complètes, vol. XIII, Paris, P.U.F., 1988.
Freud, S. (1920g) : *Au-delà du principe de plaisir.* Œuvres Complètes, vol. XV, P.U.F., 1996.
Freud, S. (1921c) : *Psychologie des masses et analyse du moi.* Œuvres Complètes, vol. XVI, P.U.F., 1991.
Freud, S. (1923b) : *Le moi et le ça.* Œuvres Complètes, vol. XVI, P.U.F., 1991.
Freud, S. (1926e) : *La question de l'analyse profane.* Œuvres Complètes, vol. XVIII, P.U.F., 1994.
Freud, S. (1928b) : *Dostoievski et la mise à mort du père.* Œuvres Complètes, vol. XVIII, P.U.F., 1994.
Freud, S. (1930a) : *Malaise dans la culture.* Œuvres Complètes, vol. XVIII, P.U.F., 1994.
Hermann, I. (1936) : *Sich Anklammern – Auf Suche gehen.* Internationale Zeitschrift für Psychoanalyse, 1936.
Jung, C. G. (1947/1954) : *On the Nature of the Psyche* dans *The Structure and Dynamics of the Psyche.* The Collected Works of C.G. Jung (vol. 8), London, Routledge & Keagan Paul, 1960.
Lear, J. (2000) : *Happiness, death, and the remainder of life.* Cambridge, MA : Harvard University Press, 2000.
Lear, J. (2005) : *Freud.* New York / London, Routledge, 2005.
Roudinesco, E. (1999) : *Pourquoi la psychanalyse ?* Paris, Fayard, 1999.
Szondi, L. (1956) : *Ich-Analyse : Die Grundlage zur Vereinigung der Tiefenpsychologie.* Bern, Huber, 1999.
Szondi, L. (1963) : *Schicksalsanalytische Therapie : Ein Lehrbuch der passiven und aktiven analytischen Psychotherapie*, Bern, Huber, 1998.
Szondi, L. (1969) : *Kain: Gestalten des Bösen.* Bern, Huber, 1969.
Szondi, L. (1980) : *Die Triebentmischten.* Bern, Huber, 1980.
Szondi, L. (1973) : *Moses: Antwort auf Kain.* Bern, Huber, 1973.
Van Haute, P. (2002) : *The introduction of the Œdipus Complex and the reinvention of instinct: Freud's Three Essays on the Theory of Sexuality* dans Radical Philosophy, 2002.
Vergote, A. (1971) : *Complexe d'Œdipe et de Complexe de Caïn : Ethique, Psychanalyse et Analyse du destin* dans Revue de psychologie et des sciences de l'éducation, 1971.

* La lettre situe l'ouvrage dans la chronologique des publications de l'année mentionnée.

Le *Schreber* de Freud
La réponse manquée à Jung

Patrick Vandermeersch

Présentation

Les études de cas freudiennes sont issues de la fréquentation d'un patient, de la rencontre d'un document ou encore d'une œuvre. Mais quelle que soit leur origine, elles ont toutes en commun d'être nourries d'interrogations théoriques et alimentées par des débats engageant des interlocuteurs plus ou moins proches. C'est cette contextualité du cas freudien que fait clairement apparaître Patrick Vandermeersch dans son article consacré à la monographie sur le magistrat Schreber, publiée en 1911 sous le titre : Remarques psychanalytiques sur un cas de paranoïa décrit sous forme autobiographique. *Ce texte fut élaboré par Freud à partir des données biographiques que le Président Schreber avait lui-même rassemblées dans son propre livre,* Mémoires d'un névropathe (Schreber 1903). *L'enquête vivante et détaillée de Patrick Vandermeersch nous propose la généalogie théorique d'un ouvrage dont l'histoire se confond, peu ou prou, avec celle de l'amitié intellectuelle entre son auteur et C.G. Jung. L'investigation reconduit aux sources psychopathologiques de la théorie freudienne du narcissisme et remonte, par là même, aux origines des hypothèses sur l'homosexualité. Car, là réside en effet la thèse de la grande contribution « clinique » de Freud à la question de la psychose : prétendre trouver du côté des soubassements psychiques de l'homosexualité les fondements du destin psychotique.*

Quel crédit porter à ces audacieuses constructions ? Quel poids Freud leur accordait-il lui-même ? En retissant minutieusement les fils du débat entre Jung et Freud, l'article montre comment le texte freudien donne corps à un réseau de questions encore béantes dans l'esprit de son auteur. Porteur d'idées nouvelles qui trouveront à s'épanouir dans les années suivantes, le Schreber *apparaît comme une construction provisoire, un échafaudage fragile qui fait davantage saillir les difficultés qu'il ne les résout. En écrivant cette étude, Freud semble s'être surtout attaché à prendre une vue d'ensemble de points théoriques qu'il n'arrivait pas, et n'arrivera d'ailleurs jamais, à intégrer dans une vision cohérente. La monographie de 1911 représente ainsi, dans l'itinéraire du psychanalyste viennois, le véritable tremplin des innovations métapsychologiques de 1915 en même temps que l'indice de leur fragilité.*

G.R.

La traduction française nous a habitués à placer Schreber (1911) en compagnie de Dora (1905), du petit Hans (1909), de l'Homme aux rats (1909) et de l'Homme aux loups (1918). L'analyse du récit autobiographique du président de la cour d'appel de Dresde est présentée ainsi comme faisant partie des *Cinq psychanalyses*[1], des cinq grandes études de cas de Freud. Ce n'est pourtant pas sa place. Il serait en meilleure compagnie avec Léonard de Vinci, le peintre Haitzmann ou le président Wilson c'est-à-dire avec ceux qui n'ont pas été « vraiment » analysés par Freud, ne fût-ce que par personne interposée comme dans le cas du petit Hans. Schreber n'a pas entendu les interprétations de Freud et il n'a pas développé de transfert. Bien sûr, on peut faire comme si on pouvait isoler le psychanalyste de ses patients et voir ce qu'il en est quand ses interprétations sont appliquées à du matériel mort, à des gens qui ne se trouvent pas en position d'analysants. On peut chercher à savoir si Freud était perspicace dans ses conjectures sur le passé et les processus déterminants dans la vie de quelqu'un en se basant uniquement sur des données biographiques reçues hors du contexte de la cure. On peut vouloir tester la clairvoyance de Freud ou de ses disciples pour en conclure si oui ou non le psychanalyste est bien ce qu'on aime à imaginer : ce Sherlock Holmes qui trouve des motivations cachées que d'autres méthodes ne parviennent pas à déceler.

C'est ce qu'on a d'ailleurs fréquemment fait et c'est sur cette base qu'une large polémique s'est déclenchée dont les protagonistes les plus importants sont William Niederland, Morton Schatzmann, Janet Malcolm, Hans Israel et Zvi Lothane. Travaillant en historiens ils ont découvert des lacunes, si ce n'est de grossières erreurs, dans la reconstitution freudienne de la vie de Schreber. Je ne dis pas qu'il faille balayer tout cela d'un revers de main et dire que, dans les cas où la psychanalyse tente de reconstruire le passé, il n'y a aucune importance à savoir si cette reconstruction correspond à une réalité historique ou non. Freud lui-même était attaché à la pertinence historique de ses interprétations. Ce n'est pourtant pas cette piste que nous suivrons. La polémique autour de la biographie de Schreber occulte une question préalable qui nous semble bien plus fondamentale : pourquoi Freud s'est-il intéressé à Schreber ? C'est le contexte intellectuel de cette publication c'est-à-dire le débat entre Freud et Jung, dont nous voudrions restituer les principaux moments[2].

---

1 Titre d'un ancien recueil des P.U.F.

2 Pour une étude plus détaillée des rapports entre Freud et Jung, voir Patrick Vandermeersch (1991).

Freud et Jung: associations libres et associations provoquées

Tout commence par l'intérêt porté par Freud à la psychose et avec sa prise de contact avec Jung. Ce dernier, jeune psychiatre en formation puis assistant d'Eugen Bleuler au Burghölzli, l'hôpital psychiatrique près de Zurich, avait pris connaissance de la psychanalyse quand il avait dû présenter *L'Interprétation du rêve* devant d'autres assistants. Il s'en était tiré un peu facilement en se basant sur le bien plus petit texte *Du rêve* dans lequel Freud résume son gros livre pour le grand public[3]. Dans ce petit résumé, Freud ne s'étend pas sur ses conceptions théoriques. Cela explique que Jung n'ait eu, au départ, aucune idée de la théorie de l'appareil psychique de Freud, ce qui sera la source de plusieurs malentendus plus tard. Jung essayera toutefois de faire usage de la technique psychanalytique telle qu'il l'avait comprise, en mettant surtout en avant les processus d'association de mots. Ce qui intéresse surtout Jung est la façon dont le processus associatif est traversé par l'affectivité. C'est sur ce point, en effet, que la différence entre les associations des gens normaux et celles des différentes variantes de pathologie va prendre toute son importance.

Dans les années 1904-1905, Jung est fasciné par une application fort prometteuse du test d'association, celle d'en faire un détecteur de mensonges. Il remarque que le temps de réaction s'allonge quand un sujet doit réagir à des mots qui font allusion à ce qu'il veut cacher. Puis il constate que la résistance électrique de la peau varie également, ainsi que le rythme de la respiration. Le corps trahit donc des émotions quand le sujet veut simuler. Jung se demande si cette approche physiologique ne pourrait pas être utile dans les cas où il ne serait plus question de dissimulation consciente mais de refoulement. On pourrait s'épargner le long chemin des associations libres pour trouver ce qui est à la source des symptômes. Et c'est là qu'il croit rejoindre la psychanalyse.

Cela peut sembler assez étrange de notre point de vue analytique, mais Freud ne s'en est pas offusqué. Au contraire. La prise de contact se fait et Freud n'émet pas de réserves. Jung envoie à ce dernier le premier volume des *Diagnostische Assoziationsstudien* (*Études diagnostiques sur les associations*) (1906), un recueil de textes qui présente les différentes recherches sur les associations telles qu'elles ont lieu au Burghölzli. Le volume se termine par l'article *Psychanalyse et test d'associations*. Jung y présente la théorie freudienne des névroses, derrière laquelle il se range. Il décrit un cas de névrose obsessionnelle où dominent les

---

[3] J'ai retrouvé les notes de Jung dans la partie des archives Jung déposées à l'ETH (*Eidgenossische technische Hochschule*), manuscrit Hs1005: 1c. Elles sont datées du 25 janvier 1901. Le texte, *Sigmund Freud und die Psychoanalyse*, a été publié avec une étrange interpolation : le § 863 se trouvait à l'origine entre les §§ 867 et 868 dans les Œuvres Complètes de Jung (*Gesammelte Werke* vol. XVIII).

doutes et les interrogations religieuses. Il commence donc à pratiquer l'analyse et à décrire des cas fort analogues à ceux qu'il a pu découvrir en lisant les *Etudes sur l'hystérie publiée* en 1895. Jung trouve des composantes sexuelles, mais il n'y attache pas la même importance que le psychanalyste viennois. Ce n'est pas le contenu sexuel mais le mécanisme du refoulement qui l'intéresse. Freud envoie à Jung début octobre sa *Sammlung kleiner Schriften zur Neurosenlehre*, qui contient le texte traduit en français sous le titre *Mon opinion sur le rôle de la sexualité dans l'étiologie des névroses* (Freud 1906a). Dans cet article, Freud insiste sur le fait que sa conception de l'étiologie sexuelle des névroses a évolué. S'il avait été convaincu, dans sa première théorie de la séduction, que c'était un trauma sexuel bien réel, lors de la prime enfance, qui était à l'origine des névroses, il s'était rendu compte finalement que ces scènes étaient souvent fantasmées pendant la puberté. C'était bien l'imagination qui était à l'œuvre et qui retravaillait des scènes infantiles en y mettant du sexuel. En outre, il devait admettre que l'étiologie des névroses n'était pas entièrement d'ordre psychologique. La physiologie de l'instinct sexuel, l'hérédité et la constitution de l'individu y avaient aussi leur part. Il y avait donc multiconditionnalité de la névrose.

Entrée en scène du Président Schreber

Jung se rend compte de la place de la sexualité dans la pensée freudienne. C'est donc avec une certaine appréhension qu'en décembre 1906 il fait parvenir à Freud son livre *Sur la psychologie de la démence précoce* (le terme de « schizophrénie » ne sera introduit par Bleuler qu'en 1911) qui avait été écrit plus tôt (Jung 1907. Texte non traduit en français). Il n'y parle pas beaucoup de sexualité, mais bien d'« affectivité », choix conceptuel qui sera l'enjeu majeur de discussions ultérieures avec Freud.

L'affectivité était un concept qui venait du psychiatre Bleuler. Celui-ci était convaincu qu'on ne pouvait pas expliquer le fonctionnement du psychisme humain en ne se basant que sur des représentations se liant de façon presque mécanique les unes avec les autres comme plusieurs philosophes empiristes le proposaient. Il devait y avoir une dynamique sous-jacente d'ordre non-cognitive, qui constituait le noyau de la personnalité. C'est à cette dynamique qu'il donnait le nom d' « affectivité » en précisant que ce n'était qu'un concept opératoire et en aucun cas une entité métaphysique. Ce concept était nécessaire pour comprendre que des sujets réagissaient différemment aux tests d'associations, les uns privilégiant les jugements de valeurs, les autres donnant des définitions, en se laissant guider par des représentations contiguës (tablechaise), ou encore en basant leurs associations sur le seul son (chaise-plaise). Ce n'était donc pas le contenu de sens qui déterminait la réaction, mais un mouvement intérieur d'un autre ordre, dont dépendait, entre autres choses, l'attention.

Même si Bleuler se refusait à expliciter la nature de cette affectivité, il y avait quand-même une conception phylogénétique sous-jacente. Les associations qui se basent sur le son représentent la couche plus archaïque du psychisme humain et c'est grâce à la construction plus solide de la personnalité - du « complexe du moi », pour employer sa terminologie - qu'elles sont contenues et laissent la place à des associations plus fondées sur le sens. C'est ainsi que naît notre pensée rationnelle. En développant ses tests d'associations, Bleuler poursuivait son hypothèse selon laquelle les différentes pathologies psychiatriques, qui se traduisaient par des types d'associations particulières, étaient en somme la suite de dysfonctionnements au niveau de l'affectivité. En outre, il découvrait ainsi que dans les cas où l'affectivité semblait absente au premier abord, comme la paranoïa, le test d'association montrait qu'elle était bien présente dans une région obscure de la *psychè* (Bleuler 1906).

Nous retrouvons tout cela dans le livre de Jung sur la démence précoce (Jung 1907). Après avoir fait un tour d'horizon des différentes opinions sur la cause de la maladie, il donne un aperçu des recherches sur le processus associatif faites au Burghölzli. Puis il décrit les parallélismes qu'on peut constater entre hystérie et démence précoce au niveau des perturbations de la vie émotionnelle, des anomalies caractérologiques, des perturbations au niveau de l'intellect. Ce n'est pas sans raison, dit-il, qu'on donnait autrefois souvent le nom de « psychose hystérique dégénérative » à la démence précoce (Jung 1907 : § 141) Mais il y a quand même une grande différence. Alors que l'hystérique est en proie à une lutte intérieure entre un complexe d'idées autonome et le reste de la personnalité (c'est-à-dire, dans le modèle de Jung, les complexes de représentations qui forment le moi), cette lutte a cessé dans la démence précoce au profit du premier qui a pris possession de toute la *psyché*. L'interaction vive de tous les groupes d'idées autour de celui du moi s'est figée. Pourquoi ? Jung pense à une cause organique, une « toxine » spécifique, et il laisse en suspens la question de savoir si cette cause est primaire, un complexe s'étant ensuite greffé sur elle, ou si c'est un complexe qui aurait provoqué l'éruption de cette toxine (ibid. § 195).

Malheureusement la lettre dans laquelle Freud a commenté le livre de Jung a été perdue. La suite de la correspondance permet d'induire que Freud avait surtout critiqué l'interprétation d'un rêve où Jung n'avait pas assez creusé l'aspect sexuel. L'hypothèse de la toxine irrite également Freud. Ne pourrait-on pas simplement la remplacer par la sexualité (Freud & Jung 1975 : 11 F) ? Freud pense-t-il à l'élément biologique qu'il avait mis en avant dans *Mon opinion sur le rôle de la sexualité* ? Il ne le dit pas de façon explicite mais Jung le comprend ainsi. Ce dernier répond qu'il a bien songé à la sexualité, que cette toxine pourrait en effet être causée par la physiologie des glandes sexuelles (ibid. 12 J), mais les réticences contre l'aspect sexuel de la théorie freudienne sont déjà là.

C'est dans ce livre de Jung sur la démence précoce (Jung 1907) que les *Mémoires d'un névropathe* de Schreber apparaissent pour la première fois dans la littérature psychanalytique. Le livre n'y est pas présenté, ce qui donne à penser qu'on le connaissait déjà dans le milieu psychiatrique de l'époque. Jung s'y réfère souvent sans le mentionner, par exemple quand il dit que les patients n'ont pas perdu leur affectivité mais qu'elle est trop forte pour eux et qu'ils n'osent pas l'attacher de façon normale à la réalité qu'ils perçoivent (Jung 1907 : § 150). Puis, en parlant du changement caractériel des psychotiques qui développent une folie de grandeur, Schreber revient à travers l'usage du vocabulaire de la puissance (*Machtswörter*) (ibid. § 155) et de néologismes phonétiques (ibid. § 157). Puis Jung parle du sentiment d'incomplétude chez ces patients qui n'ont pas l'impression d'agir eux-mêmes : on en trouve plusieurs exemples chez Schreber, dit Jung dans une note (ibid. § 171). Schreber qui revient encore pour nous fournir l'exemple de l'appauvrissement des symptômes au fil de la maladie : la grammaire utilisée par les voix devient de plus en plus élémentaire (ibid. § 190). Et le mot de la fin, juste avant les deux paragraphes de conclusion, revient encore au magistrat. Dans de nombreux délires, écrit Jung, nous trouvons un reste du moi normal qui observe tout ce qui se passe dans la production fantasmatique et en parle avec ironie. Quelque part le patient exprime qu'il sait qu'il est fou. Dans de rares cas, ce reste du moi normal peut reprendre le dessus comme c'est le cas chez Schreber (ibid. § 314).

Cette dernière remarque ouvre une perspective critique sur l'approche freudienne des *Mémoires* de Schreber : nulle part, en effet, Freud ne se demande si le fait de développer, de systématiser, d'écrire et de publier son délire n'a pas été la façon dont Schreber s'en est sorti. Le délire religieux n'a-t-il pas ramené le psychotique à la réalité ? Freud n'a manifestement pas voulu se poser cette question.

Affectivité et libido

Continuons à suivre les échanges entre Freud et Jung pas à pas. Le premier invite le second à Vienne. Jung accepte et se rend chez Freud le dimanche 3 mars 1907, accompagné de son épouse et de Ludwig Binswanger, qui est alors son assistant[4].

D'après ce que nous savons, la discussion a surtout porté sur le concept de libido, la sexualité infantile en premier lieu, et sur l'auto-érotisme vers lequel la sexualité dirigée sur l'objet peut refluer, comme c'est le cas dans la psychose. Ce qui sera le noyau central du Schreber de Freud a donc été discuté à cette occasion.

Un mois plus tard, Freud demande l'autorisation à Jung d'écrire un résumé de la discussion qu'ils ont eu (Freud & Jung 1975 : 18 F). Il projette d'en faire une publication. Comme Jung ne formule pas d'objection, Freud lui envoie mi-avril 1907 un manuscrit qu'il intitule *Quelques opinions théoriques sur la paranoïa* (ibid. 22 F), en relevant que ce dernier terme est un peu démodé mais qu'il le préfère aux plus récents car il n'aime pas les distinctions un peu trop subtiles en psychopathologie (ibid. 8 F, 25 F et 70 F). Cet article est vraiment le canevas du Schreber de Freud, avec cette différence notable qu'il prend, comme exemple clinique, une femme.

Résumons-en les grandes lignes. Une femme a éprouvé le désir d'avoir des relations sexuelles avec un homme. Ce désir a été refoulé et réapparaît comme venant de l'extérieur. Elle entend dire qu'elle a ce désir, ce qu'elle doit contredire. Le processus paraît clair : une idée a émergé de l'inconscient et est devenue consciente, mais son contenu a été projeté dans la réalité extérieure ; elle est donc devenue objet de perception, de sorte que le refoulement doit la combattre à nouveau par un processus de contradiction. Freud commence par traiter de la projection qui, pour lui, est un processus assez banal et pas nécessairement pathologique[5]. Notre appareil psychique est, en effet, construit de telle façon que tout ce qui est quantitatif, dans ce que nous ressentons, est localisé à l'intérieur de notre corps, alors que ce qui est qualitatif nous apparaît comme venant de l'extérieur. Selon ce schéma, il faut supposer que, dans la paranoïa, la représentation du désir a perdu sa charge émotionnelle et est traitée, par notre appareil psychique, comme étant une perception. Freud en conclut que l'élément pathologique spécifique de la paranoïa n'est pas la

4 Il y a eu plusieurs dates fautives en circulation au sujet de cette entrevue et on a même soutenu que Jung et Binswanger auraient assisté à la réunion du mercredi-soir où on aurait discuté de l'article de Freud sur les exercices religieux, ce qui est également faux. Voir les notes correspondant à la lettre 16 J dans (Freud & Jung 1975).

5 La notion freudienne de projection et ses difficultés sont au coeur de la contribution d'H. Westerink dans ce recueil.

projection mais le désinvestissement de la représentation du désir. La libido est détachée de l'objet et retrouve un usage auto-érotique. Freud pose cette formule sans plus d'explication. En fait, il identifie ainsi l'affectivité, selon Bleuler et Jung, et la libido.

Jung répond à Freud que, s'il comprend bien, le désinvestissement veut dire que l'objet réel est remplacé par un objet fantasmatique dont on fait un usage « auto-érotique » c'est-à-dire qu'on lui fait faire tous les jeux imaginaires possibles sans qu'il soit contrôlé par la réalité (ibid. 24 J). Ce n'est pas du tout ce que je pense, rétorque Freud (ibid. 25 F). Il n'y a rien qui soit auto-érotique aussi longtemps qu'un objet y est attaché. Suite au désinvestissement, la représentation de l'objet n'a vraiment plus aucune importance pour le sujet. Celui-ci a l'impression qu'on parle de lui (projection), mais cela ne le touche pas (désinvestissement). Quand cette défense échoue, le refoulement doit s'effectuer une seconde fois et s'attaquer à une représentation devenue extérieure : c'est la deuxième phase du processus pathologique, celle qu'on remarque le plus.

On peut différencier trois cas, dit Freud. Ou bien, le processus de désinvestissement suffit, la libido se consume auto-érotiquement et le psychisme s'appauvrit de plus en plus : c'est la démence précoce du type simple. Ou bien, il n'y a qu'une partie de la libido qui passe à l'auto-érotisme tandis qu'une autre va retrouver l'objet projeté : c'est le cas de la variante paranoïde de la démence précoce. Ou bien, finalement, le processus de refoulement par désinvestissement rate complètement et toute la libido retourne vers l'objet : c'est le cas de la véritable paranoïa[6]. Et Freud ajoute, dans la lettre suivante, une remarque qui nous rapproche encore plus du texte qu'il écrira sur Schreber : quand nous parlons d'une partie de la libido, il ne faut pas oublier la bisexualité (ibid. 23 F). Ce ne sont encore que quelques mots mais ils ouvriront les problématiques étroitement liées de l'auto-érotisme, du narcissisme et de l'homosexualité.

---

[6] C'est à propos du deuxième cas, celui de la démence paranoïde – le cas de Schreber – que le terme de forclusion (*Verwerfung*) tombe deux fois. Donnons le texte complet en notant que la traduction française traduit le terme par « rejet » : « Ou bien, lors du retour de la libido (échec de la projection), une partie seulement est dirigée vers l'auto-érotisme, une autre recherche à nouveau l'objet, qui doit à présent être trouvé à l'extrémité projective, et qui est traité comme une perception. Alors l'idée délirante devient plus pressante, la contradiction contre elle toujours plus violente, et le combat de défense est livré une nouvelle fois, comme rejet de la réalité (le refoulement se transforme en rejet [*Verwerfung*]), et cela peut se poursuivre pendant une période, jusqu'à ce que finalement la libido nouvellement arrivante soit quand même jetée vers l'auto-érotique, ou qu'une partie en soit durablement fixée dans le délire dirigé contre le désir d'objet projeté. C'est là, dans des proportions de mélanges variables, le déroulement de la *dem. Praecox* chez le paranoïde, le cas certainement le plus impur et le plus fréquent » (Freud & Jung 1975 : 25 F).

Comment concevoir l'auto-érotisme?

Que le complexe d'Œdipe ne soit pas l'élément central de la perspective freudienne à cette époque ne veut pas dire que la référence au mythe œdipien était totalement absente de l'esprit de Freud. Quand il veut envoyer un patient au Burghölzli pour qu'il soit traité par Jung, le psychanalyste le décrit à gros traits comme « un individu hautement doué, type œdipien, amour de la mère, haine du père » (Freud & Jung 1975 : 20 F).

Le complexe d'Œdipe va prendre place dans les années qui suivent la rencontre entre Jung et Freud, en même temps que se développera la réflexion sur ce qu'est l'auto-érotisme et, plus généralement, la libido. Sur ce point la correspondance avec Jung nous offre des aperçus intéressants. Elle est traversée par un faisceau de questions : qu'est-ce que la libido ? Qu'est-ce que l'auto-érotisme et que signifie la régression qui y reconduit dans le cas de la paranoïa ou de la démence précoce (Freud refuse encore et toujours la distinction) ?

Le fait que les patients régressent vers des plaisirs liés à certaines zones érogènes est avéré par l'observation clinique rapportée par Jung : ils se masturbent et jouent fréquemment avec leurs excréments. Même Bleuler s'est laissé convaincre de voir là un des symptômes centraux de la démence précoce (Bleuler 1911)[7]. Mais Jung et Bleuler avaient toutefois du mal à suivre Freud quand celui-ci concevait l'auto-érotisme comme un pur retour à un amas de zones érogènes qui fonctionneraient de façon purement organique. Jung répète plusieurs fois que cet auto-érotisme doit quand même être accompagné de fantasmes, qu'il doit consister en un remplacement de la réalité par une production fantasmatique. Ce retour à l'auto-érotisme doit en outre servir à quelque chose : « Le détachement et la rétroformation [*Rückbildung*] en des formes auto-érotiques ont probablement une très bonne raison dans l'affirmation de soi, dans l'auto-conservation psychologique de l'individu » (Freud & Jung 1975 : 72 J). Jung cite à ce propos une patiente qui lui disait : « Tous les événements ont quelque chose de si *saisissant* pour moi ». L'auto-érotisme était donc, pour elle, un refuge. Il y a donc deux types de pulsions liées à la libido : celle qui sont liées à la propagation de l'espèce (et c'est là que se joue l'hystérie) et celles qui se lient à la conservation du moi (le point d'ancrage de la démence précoce). Y a-t-il un lien entre les deux et, si oui, comment fonctionne-t-il ?

Mais Freud ne semble pas enclin à creuser la question à ce moment. Il est de plus en plus intéressé par la névrose obsessionnelle : l'Homme aux rats est arrivé sur son divan le 1er octobre 1907 (il y restera jusqu'en septembre 1908).

[7] Au terme d' « auto-érotisme », trop choquant pour les oreilles pieuses, Bleuler préfèrera celui d' « autisme » ou d' « ipsisme » selon Jung (Freud & Jung 1975 : 24 J).

Avec ce patient, une autre polarité des pulsions est mise en avant: «Les cas de névrose obsessionnelle se laissent percer à jour et se montrent dépendantes de seulement trois (éventuellement deux) pulsions fondamentales, la pulsion de regarder et de savoir, et la pulsion d'emprise [*Bemächtigungstrieb*]» (ibid. 76 F). Il s'agit là, d'après Freud, des seules composantes de la libido qui sont directement dirigées vers des objets extérieurs. Et il poursuit: «L'hystérie en revanche est attachée aux zones érogènes, et elle est généralement refoulement génital direct» (ibid. 76 F).

Quant à la paranoïa, Freud fait part d'une intuition dont l'importance ne trouvera son essor que plus tard: celle d'une différenciation entre une épreuve de la réalité et une épreuve de déplaisir (ibid. 76 F). Puis, il insiste sur le fait que le désinvestissement et la projection qui s'ensuit suffisent à expliquer la ténacité du délire paranoïaque: l'idée projetée devient une perception et ne tombe donc plus sous l'épreuve de la réalité qui, dans d'autres cas, devrait vérifier s'il y a bien un objet correspondant au désir du sujet. Freud refuse donc l'hypothèse de Jung selon laquelle la recherche désespérée d'une assurance auto-érotique rend le paranoïaque peu influençable. La mécanique de l'appareil psychique lui suffit pour expliquer cet aspect[8]. Il veut bien admettre que ce que Jung décrit comme l'autoprotection recherchée dans le processus de refoulement existe aussi, mais il en serait également ainsi dans toutes les névroses et les psychoses. Par ailleurs, la fréquence de l'homosexualité refoulée dans la paranoïa, est bien relevée mais Freud ajoute immédiatement: «Je n'attache pas d'importance au fait que ce soit la composante homosexuelle, mais au fait que c'est un détachement partiel» (ibid. 70 F). Dans une théorie englobante du choix des névroses, l'origine de la paranoïa est située au point critique du passage entre l'auto-érotisme et l'investissement de l'objet. Freud ne situe pas encore la naissance de l'homosexualité à ce point (ibid. 76 F).

Jung a du mal à suivre Freud qui le laisse sur sa faim concernant la fonction du retour vers l'auto-érotisme. Et on le comprend. Mais nous sommes en pleine organisation du congrès de Salzbourg et Jung demande à Freud de lui réserver du temps pour éclaircir tous ces problèmes en tête-à-tête. C'est alors que Karl Abraham sème le trouble en annonçant une conférence sur *Les différences psychosexuelles entre l'hystérie et la démence précoce*.

[8] Freud ne parle pas encore de «principe» de plaisir ni de «principe» de la réalité: «Nous voilà donc à la paranoïa. J'ai là l'idée encore confuse d'une différenciation entre une *épreuve de réalité* et une *épreuve de déplaisir*, la première étant notre «juger» et la dernière notre «refoulement». Or la caractéristique psychique principale de la paranoïa est le *mécanisme de projection*, qui sert chez elle au refoulement, et à la suite duquel l'épreuve de réalité est éludée, car ce qui vient de l'extérieur n'a pas besoin d'elle. Les caractères cliniques de la paranoïa que vous relevez, sa constance, son sérieux, s'expliquent suffisamment par la projection.» (Freud & Jung: 1975 76 F).

Abraham avait été assistant au Burghölzli et avait donc assisté à beaucoup de discussions qui s'y tenaient sur les concepts freudiens. Jung n'aimait pas Abraham : il intervenait peu mais il donnait l'impression d'emmagasiner tout ce qu'il entendait comme s'il avait un projet secret en tête (ibid. 39 J). Et en effet, pendant que Jung était en période de service militaire – comme tous les Suisses, il devait en faire une chaque année – il se mit à écrire à Freud pour discuter précisément du sujet de l'auto-érotisme en schizophrénie et rassembla tout ce qu'il avait entendu pour une conférence lors du congrès, puis pour un article qui paraîtrait sous son nom à lui. Jung vit l'herbe coupée sous son pied et en fut furieux. Il refusa donc de parler lui-même du sujet. A la place, il présenta un texte sur son hypothèse de la toxine. Cela put donner le sentiment qu'il voulait esquiver la sexualité. Abraham lui lança, en outre, une pique en terminant sa conférence en soulignant que son propre exposé rendait l'hypothèse de la toxine superflue. On aimerait en savoir plus, parce que Freud avait, lui aussi, insisté sur l'importance du versant physiologique de la libido. N'était-ce pas le moment de discuter de la nature de cette entité ? Il était temps également de s'attaquer à l'autre question de Jung : faut-il concevoir la libido comme la pulsion fondamentale ou comme une pulsion à côté d'autres ? (ibid. 39 J). Si on admettait, comme Jung était prêt à le faire, que l'auto-érotisme était le butoir du sujet qui se décomposait dans la psychose, il devait y avoir un rapport entre la pulsion de conservation du moi et la libido. Ce qui soulevait le problème du statut des différents types de pulsions et, plus largement, celui de la nature de la libido.

De la clinique de la psychose à la sexualité infantile

Freud s'était arrangé pour que Jung prenne comme patient le psychiatre Otto Gross, présent au congrès de Salzbourg, parce que celui-ci semblait développer une psychose. Son but était que Gross (qui prenait de la cocaïne) entreprenne une cure de désintoxication au Burghölzli puis soit suivi par lui. Freud espérait apprendre de ce traitement beaucoup de choses sur ce qu'il continuait à appeler globalement « paranoïa ». Mais Jung crut devoir analyser Gross lui-même jusqu'à ce que celui-ci saute le mur et s'enfuie. De cette analyse ratée, il en tira au moins l'enseignement que la démence précoce remontait directement à l'auto-érotisme infantile, tandis que, dans la névrose, la problématique infantile avait été retravaillée pendant la puberté. Jung le formula ainsi : « Dans l'hystérie il y a Pompéi et Rome, dans la démence précoce il y a uniquement Pompéi » (ibid. 98 J). Freud répondit qu'il doutait de cette hypothèse faisant de la prédisposition à la démence précoce l'effet d'une fixation infantile précoce.

C'est dans ce contexte que Freud alla à Zurich et y vit des patients psychotiques de plus près. Du 18 au 21 septembre 1908, il se rendit chez les Jung au Burghölzli (Jung vivait avec sa famille dans un appartement à l'intérieur de l'institution). Les deux hommes ont dû discuter énormément du problème de l'auto-érotisme en rapport avec la psychose ainsi que des distinctions cliniques entre démence précoce et paranoïa. Freud fut spécialement intrigué par la patiente psychotique, Babette, dont Jung lui avait tellement parlé. Nous ne retrouvons malheureusement pas grand-chose dans la correspondance qui fait suite à cette visite. Notons néanmoins que, le 15 octobre, Freud écrit à Jung qu'il venait d'avoir l'occasion d'étudier une « vraie » démence précoce (ibid. 110 F).

Que savait-on de la sexualité des enfants à laquelle Jung voulait rattacher la démence précoce ? Comme par un coup de baguette magique, elle venait de faire son apparition avec le Petit Hans, Herbert Graf (1904-1973) de son vrai nom, qui développa une phobie que Freud analysa d'abord en passant par l'intermédiaire de son père (de janvier à mars 1908), pour le voir personnellement ensuite une seule fois (le 30 mars 1908). Freud avait terminé son manuscrit sur Hans, au début du mois d'août 1908, et l'avait envoyé à Jung, éditeur du *Jahrbuch*, juste avant son voyage à Zurich. Sous l'influence de ce texte, Jung commença à faire attention aux relations entre parents et enfants, d'abord dans des études sur les associations, qu'il continuait à superviser, puis, plus tard, en observant la façon dont sa propre fille, Agathli (Anna), réagit à la naissance d'un petit frère. Ces observations, qui datent de janvier à août 1909, sont fidèlement rapportées à Freud qui en est ravi. Tellement de parallèles avec le Petit Hans ! Jung en fera la publication dans « A propos de conflits dans l'âme d'un enfant » qui paraîtra dans le second volume du *Jahrbuch* (Jung 1910).

La signification du père dans la destinée de l'individu

Le premier texte sur la signification du père, le plus intéressant du point de vue théorique, paraîtra, tout comme le Petit Hans, dans le premier volume du *Jahrbuch* (fin février ou début mars 1909). Il est présenté, par Jung, comme un gage de sa fidélité à la cause freudienne. On y voit clairement le complexe d'Œdipe (sans qu'il soit nommé) apparaître sous la plume de Jung. A la fin de l'article, nous trouvons deux pages sur le développement des systèmes religieux qui préfigurent *Totem et tabou* et dans lequel Jung parle d'identification et de sublimation. Voyons tout cela de plus près.

Hans développe une phobie des chevaux qui représentent, pour lui, son père qu'il craint. Il est également obsédé par la castration. En passant, Freud fait allusion au mythe d'Œdipe : « Il est vraiment un petit Œdipe qui voudrait voir le père « partir », l'avoir éliminé pour être seul avec sa mère si belle et coucher avec elle » (Freud 1909b : 98). Plus loin il dit qu'il aimait son père qui était pour lui un exemple, son premier camarade de jeu et celui qui lui donnait les soins (ibid. 117-118). Néanmoins ces brèves mentions ne donnent pas l'impression qu'il s'agisse de quelque chose de central dans le développement psychique de Hans. Quelque chose est toutefois en route. Plusieurs mois après avoir remis le manuscrit à Jung, le 11 décembre 1908, Freud lui écrit : « Je suis tellement obsédé par l'idée du complexe-nucléaire de la névrose, tel qu'il se trahit chez le petit Herbert, que je n'avance pas » (Freud & Jung 1975 : 118 F. Voir aussi 129 F). Le terme de « complexe d'Œdipe » n'apparaîtra en effet que dans *Un type particulier de choix d'objet chez l'homme*, en 1910, sans qu'il soit introduit en grande fanfare. Freud y fait référence comme s'il s'agissait de quelque chose de connu (Freud 1910h : 97).

En revanche, la discussion théorique sur laquelle s'achève la monographie du Petit Hans concerne l'initiative d'Adler d'introduire l'agressivité comme pulsion particulière, au même plan que les pulsions de la conservation de soi et de la propagation de l'espèce. Bien qu'il admette que la question des différentes pulsions reste un problème à éclaircir, Freud ne voit pas l'utilité d'introduire l'agressivité comme pulsion particulière. C'est ôter aux pulsions l'énergie qu'elles contiennent en elles-mêmes pour passer à l'acte et hypostasier cette énergie dans une pulsion particulière (Freud 1909b : 371-72).

Freud ne passe-t-il pas trop facilement à côté de la question de la différence entre les pulsions d'auto-conservation et les pulsions sexuelles ? Ce sera, en tout cas, le reproche que formulera Jung qui voudra, de son côté, donner sa propre définition de la libido. Comme en atteste leur correspondance (Freud & Jung 1975 : 117 J), au moment où Freud est à la recherche du complexe nucléaire de la névrose, Jung est occupé à terminer son article intitulé *La signification du père dans la destinée de l'individu* (Jung 1909)[9]. Dès la première phrase, Jung se range du côté de Freud qui a bien démontré, dit-il, « que la relation psychosexuelle qui unit un enfant à ses parents, spécialement à son père, a

[9] La version allemande des œuvres complètes de Jung ne donne pas le texte original ; la version anglaise le fait en note, mais de façon si confuse qu'il faut aimer les puzzles. Il n'y a pas de version française de ce texte qui accompagnait celui consacré au Petit Hans dans la première livraison du *Jahrbuch*. On ne comprend pas qu'il soit tombé dans l'oubli et il est regrettable qu'il soit devenu introuvable. Jung avait en effet remanié de fond en comble les dernières pages pour l'édition de ses *œuvres complètes* et tout ce qui avait trait au père fut mis finalement au compte de la mère !

une influence déterminante sur le contenu de sa névrose future» (ibid. 155). En effet, dit-il, on peut voir que quand «l'énergie du vouloir» bute sur un obstacle, elle reflue comme un fleuve vers des collatéraux qu'elle avait délaissés pour les remplir à nouveau. En note, Jung fait remarquer que Freud parlerait ici de «libido» mais que c'est une «*denominatio a potiori*», une dénomination qui se fonde sur la partie la plus prégnante de ce vouloir fondamental[10]. Mais la suite aborde clairement le terrain sexuel: «Quand on voit son amour pour la femme échouer, on régresse vers les amitiés passionnelles, vers l'onanie, vers la masturbation, vers la religion, et quand on est un névrosé, on réinvestit les liens qui nous unissaient à nos parents» (ibid. 155).

Après avoir fait référence à des recherches sur les types d'associations qui montrent que père et fils d'une part, et mère et fille de l'autre, associent d'habitude de la même façon (par ex. en donnant des jugements de valeur), Jung nous donne quatre études de cas dans lesquels le père joue un rôle important. Les sujets succombent à la névrose au moment où ils cessent de s'adapter à ce que leur père avait voulu pour eux. Dans le deuxième cas, celui d'un homme, l'attachement homosexuel et masochiste au père donne la clef de la névrose qui s'installe quand, finalement, le patient tombe amoureux d'une jeune femme. Le quatrième cas est particulièrement intéressant, dit-il, parce qu'il nous permet d'observer directement la sexualité infantile. Il s'agit d'un enfant de huit ans qui urine encore la nuit et qui est pris de crises d'angoisse parce qu'il a peur de trouver un homme noir avec un sabre ou un fusil dans son lit. Le lien avec le père qui est un homme fort et qui se lave vigoureusement tout nu devant son fils a vite sauté aux yeux. C'est donc de son rival que le fils a peur, conclut Jung (ibid. 169). Mais il y a plus. Il s'identifie avec sa mère et se place ainsi dans la même position qu'elle envers son père. C'est là sa composante homosexuelle.

Jung décrit donc, sans employer le terme, un complexe œdipien classique, dirions-nous, mais rappelons que Freud n'a pas lui-même encore utilisé cette expression[11]. En outre, il introduit le thème de l'identification, et en cela Jung va donc plus loin que Freud, qui n'avait employé le terme que dans un sens purement descriptif dans *L'Interprétation du rêve*.

---

[10] Jung dit explicitement qu'il emploie un terme plus général que celui de «libido»: «Libido ist das, was die ältere Psychiater "Wollen" und "Streben" nannten. Der Freudsche Ausdruck ist eine denominatio a potiori.» (Jung 1909: 155 note 2).

[11] On pourrait penser que Jung a été influencé ici par ce que Freud raconte sur l'Homme aux rats mais celui-ci apparaît très peu dans la correspondance et ce n'est qu'environ un an après la rédaction de son texte sur la signification du père, le 11 octobre 1909, que Jung recevra le manuscrit de Freud (Freud & Jung 1975: 157 J).

Du père à l'histoire des religions

C'est sur cette problématique de l'identification, appliquée à l'histoire de la tradition judéo-chrétienne, que Jung poursuit son article. L'idée est que la névrose provient du fait qu'on n'ose pas s'identifier au père. Dans cette optique, identification et sublimation sont rapprochées : il faut oser s'identifier pour pouvoir sublimer.

Jung introduit deux perspectives distinctes mais complémentaires sur la religion. Premièrement, il y a la perspective historique : il faut analyser la façon dont la peur de Dieu est surmontée ou réapparait dans l'histoire du monothéisme[12]. En second lieu, il y a la perspective qui s'attache aux avatars de l'image de Dieu chez l'individu. Quand un enfant grandit, il subit un conflit grandissant entre ce qu'il voudrait lui-même et ce que ses parents veulent de lui. L'influence des parents est refoulée, ce qui ne veut pas dire qu'elle disparaît. S'étant installée dans l'inconscient, elle fait sentir des sentiments confus d'influences venant d'un au-delà. Ce sont les premières sublimations religieuses. Puis l'image de la divinité peut se cliver en deux : d'un côté apparaît

[12] Notons la pique adressée en passant, à la religion juive, « un peuple encore trop barbare », qui n'a probablement pas dû faire plaisir à Freud : « Comme on le voit, l'attitude infantile n'est rien d'autre que la sexualité infantile. Quand nous regardons encore une fois tout ce dont la constellation infantile est capable, nous devons dire que la destinée de notre vie se confond avec la destinée de notre sexualité. Quand Freud et ses élèves scrutent en premier lieu la sexualité, ce n'est vraiment pas pour provoquer des sensations piquantes, mais pour acquérir une compréhension plus profonde des forces à l'œuvre dans la destinée de l'individu. En disant cela, nous n'exagérons pas, nous en disons plutôt trop peu. En puis, quand les problèmes de la destinée de l'individu se dévoilent à nous, notre horizon s'élargit en même temps de l'histoire individuelle à l'histoire des peuples. Et en premier lieu nous avons en vue l'histoire des religions, l'histoire des systèmes imaginaires de tous le peuples et toutes les époques. La religion de l'Ancien Testament a élevé le *pater familias* pour en faire le Jéhovah des Juifs, auquel le peuple doit obéir, poussé par la peur. Les patriarches forment un degré intermédiaire avant la divinité. L'angoisse névrotique de la religion juive, qui est une tentative inachevée, voir ratée, produite par un peuple encore trop barbare, donna la naissance à la pénible sévérité de la loi de Moïse, au cérémonial obsessionnel de la névrose. Il n'y a que les prophètes qui sont parvenus à se libérer d'elle parce qu'ils sont parvenus à s'identifier avec Jéhovah et accéder à la sublimation parfaite. Ils deviennent les pères du peuple. Le Christ, qui accomplit les prophéties, fait disparaître la peur et apprend aux hommes que la véritable relation avec la divinité consiste en "l'amour". De ce fait il détruit le cérémonial obsessionnel de la loi et il donne l'exemple d'une relation personnelle et amoureuse avec Dieu. Plus tard les sublimations imparfaites des masses chrétiennes ramènent le cérémonial de l'Église, et seuls les rares cerveaux capables de sublimation, comme ceux des saints et des réformateurs, ont pu s'en libérer. Ce n'est pas sans raison que la théologie moderne parle de l'effet libérateur du vécu "intérieur" ou "personnel", car l'ardeur de l'amour est toujours parvenue à dissoudre l'angoisse et la contrainte dans une forme plus élevée et plus libre de l'affection » (Jung 1909 : 170).

un Dieu parfait, porteur de toutes les vertus et garant de l'amour pur ; de l'autre côté une force démoniaque à laquelle on rattache souvent la sexualité brute.

On est vraiment surpris de lire ce texte de la main de Jung. Même s'il n'est pas nommé comme tel, le complexe d'Œdipe y est présent. L'accent est mis sur l'importance de l'identification et sur le lien entre homosexualité et position féminine. On y trouve aussi une théorie du clivage. On se trouve déjà en terrain freudien. Cela ne veut pas dire que Jung soit à la source de toutes ces conceptions. L'échange entre Freud et Jung était nourri et Jung lisait les articles des autres élèves de Freud, ce qu'il fera d'ailleurs de plus en plus comme rédacteur du *Jahrbuch*. Une chose néanmoins préfigure la dissension de Jung. Dès les premières phrases il identifie « libido » et « énergie du vouloir ». La question qui devient de plus en plus aiguë concerne en effet la théorie des pulsions.

Nous ne savons pas très bien comment Freud a réagi au texte de Jung. Vraisemblablement ne l'a-t-il lu qu'à la parution du premier volume du *Jahrbuch* (fin février-début mars 1909) et en aura-t-il parlé à son auteur pendant la visite de celui-ci à Vienne quelques semaines plus tard. La religion est en train de s'imposer à la réflexion de Freud. Si son premier article, *Actions de contrainte et exercices religieux*, avait été une commande pour ouvrir le premier numéro d'une revue de psychologie de la religion qui venait de voir le jour, maintenant, passant par Zurich, la religion fait son apparition dans le mouvement psychanalytique lui-même (Freud 1907b). Des pasteurs comme Oscar Pfister (1873-1956) et Paul Häberlin (1878-1960) entrent dans la mouvance psychanalytique (Freud & Jung 1975 : 124 J et 126 J)[13]. Freud salue leur arrivée avec une ironie bienveillante. On aurait pu croire que ces représentants d'une approche très libre et bien informée de l'histoire du christianisme, allaient fournir à Freud de quoi penser la religion de façon plus différenciée. Mais ce ne sera que plus tard que les rayons de sa bibliothèque se rempliront de théologie. Il reviendra au voyage qu'il fait avec Jung en Amérique (20 août-29 septembre 1909), où tous deux sont promus docteur *honoris causa* par la Clark University à Worcester, de mettre clairement en avant le problème religieux, sans doute en raison de leur confrontation avec la culture américaine, dans laquelle on ne peut pas éluder la question de son appartenance à une église.

[13] En 1911, c'est au tour de Lou Andréas-Salomé d'y entrer. Ses premiers livres traitent aussi de la religion sous l'angle de l'expérience de la perte : *Im Kampf um Gott* (1885), *Jesus der Jude* (1895).

Mythologie et auto-érotisme

Après ce voyage outre-Atlantique, Jung se plonge dans les livres sur la mythologie et les symbolismes religieux[14]. Il n'est pas particulièrement intéressé par l'histoire des religions proprement dite. Pourtant nous sommes au moment où les études sur les origines du christianisme sont à leur point culminant et où les théologiens se rendent bien compte que nous ne savons pratiquement rien de certain sur Jésus de Nazareth, sauf qu'il n'a sûrement pas fondé d'église. Albert Schweitzer venait de publier la synthèse de ces recherches dans une publication qui avait fait beaucoup de bruit[15]. Jung veut accumuler et comparer des symboles, des symboles sexuels en premier lieu. C'est ainsi qu'il lit avec plaisir le très vieux livre de Richard Payne Knight, *A Disourse on the Worship of Priapus and its Connection with the Mystic Theology of the Ancients* (1786) qu'il recommande à Freud. Celui-ci attendra longtemps avant que la commande lui parvienne (Freud & Jung 1975 : 160 F, 163 F, 169 F). A sa parution, le livre fit un tel scandale que l'auteur dut le retirer de la vente et il n'était pas facile d'en trouver des exemplaires. Freud emploiera ce livre, très daté donc, comme source dans son *Léonard de Vinci*.

Freud applaudit au fait que Jung s'attelle à la mythologie : « Cela me fait un vif plaisir que vous vous soyez mis à la mythologie. Un morceau de solitude en moins. Je suis très avide de vos découvertes » (ibid. 160 F). Il dit être convaincu que le complexe nucléaire de la névrose doit être le même que celui qui structure les constructions mythologiques. Jung acquiesce et rapporte à Freud qu'il y trouve partout l'inceste comme élément central. En passant il est aussi question d'Œdipe, dont Freud remarque qu'il a appris de quelqu'un d'érudit qu'il s'agissait à l'origine d'un démon phallique et que son nom signifie simplement « érection » (ibid. 160 F). Mais c'est une pensée parmi d'autres : pas encore ce complexe d'Œdipe autour duquel l'analyse psychanalytique se concentrera.

Il y a deux sujets mentionnés par Jung qui sont éludés par Freud. Jung est à la recherche du complexe nucléaire de la psyché mais il ajoute qu'il pense que cela permettra d'élucider la névrose d'un point de vue phylogénétique (ibid. 159 J, 165 J, 170 J). Bien sûr, dit-il à Freud, il y a beaucoup de sexualité infantile dans les mythes, mais cela n'empêche pas de les considérer du point de vue de l'histoire de la culture et des mythes. Ensuite Jung demande à Freud de

---

[14] Jung partit directement pour Zurich tandis que Freud et Ferenczi s'attardèrent à Brème, puis à Berlin. Là, Freud se rend avec Ferenczi chez un medium que ce dernier connaissait et fut intrigué par ce qu'il conçût comme de la transmission de pensée. Ce n'est qu'à mi-mots qu'il l'avoua à Jung (Freud & Jung 158 F note 9).

[15] Publiée en 1906 sous le titre *Von Reimarus zu Wrede* (1906), plus connue sous le titre de la seconde édition : *Geschichte der Leben Jesu-Forschung (Histoire de la recherche sur la vie de Jésus,* 1913). Je n'ai pas trouvé de traduction française.

donner une bonne définition de la libido telle qu'il la conçoit. Freud répond, un peu bougon semble-t-il, qu'il en a déjà donné une dans ses *Trois Essais*: « Dans les premières phrases de la *Théorie de la sexualité* se trouve la définition claire, à laquelle je ne saurais rien changer: l'analogue de la faim, pour lequel, en ce qui concerne la pulsion sexuelle, la langue allemande ne possède pas de mot sauf l'ambigu *Lust* » (ibid. 169 F). Et c'est tout!

A côté de la mythologie, Freud s'intéresse à Léonard de Vinci et peine à trouver de la littérature concernant son enfance. La raison de cet intérêt est qu'il a accepté un patient qui ressemble comme deux gouttes d'eau à ce grand homme. Mais, d'un point de vue plus théorique, ce sont aussi les problématiques de l'homosexualité et du narcissisme qui l'intéressent. En effet, ces deux thèmes apparaissent dans la discussion au sein du groupe du mercredi qui se tient chez Freud à Vienne. Le 10 novembre 1909, suite à une étude de cas de Sadger, Freud affirme que l'homosexualité est le résultat d'un refoulement [sic] de la mère qui se fait par identification avec elle: « Le garçon se débarrasse de sa mère en faisant usage d'une identification, qui coïncide ici avec refoulement » (*Minutes* 86)[16]. Un peu plus tard, il affirme que le narcissisme est une phase nécessaire dans la transition de l'auto-érotisme à l'amour objectal. Freud commencera peu de temps après la rédaction du Léonard de Vinci, où ces éléments se retrouveront.

C'est à ce moment que le problème religieux fait irruption de façon abrupte dans la société de psychanalyse en formation. Des intellectuels allemands progressistes venaient de fonder « L'ordre international pour l'éthique et la culture » (*Internationaler Orden für Ethik und Kultur*) qui se voulait être un mouvement de libération, concernant la sexualité entre autres choses. Il fallait combattre l'obscurantisme et œuvrer pour une éthique basée sur la science. Freud était charmé par l'idée et proposa que la société de psychanalyse, qu'on comptait fonder au prochain congrès, s'y affilie en tant que groupe. La réaction négative de Jung fut forte. Non pas qu'il ait voulu défendre la morale étriquée prônée par les églises, mais parce qu'il était convaincu qu'une morale fondée sur la pure raison ne recevrait aucun écho[17].

---

[16] *Minutes of the Vienna Psychoanalytical Society*, vol. II p. 312. Session 86.

[17] « Le problème éthique de la liberté sexuelle est vraiment terriblement grand et digne de la sueur de tous les nobles. Mais les 2000 ans de christianisme veulent être remplacés par un équivalent. Or un ordre éthique avec sa nullité mythique, qui n'est habité par aucune force pulsionnelle archaïque et infantile, est un pur vide et ne peut jamais éveiller en l'homme quoi que ce soit de l'ancienne force animale qui pousse l'oiseau migrateur à traverser l'océan, et sans laquelle ne se fait aucun des irrésistibles mouvements des troupeaux. J'imagine pour la psychanalyse une tâche bien plus belle et plus vaste que de déboucher dans un ordre éthique » (Freud & Jung 1975: 178 J). Freud répondit de façon laconique: « Je ne pense pas à un substitut de la religion ; ce besoin-là doit être sublimé » (ibid. 179 F).

Premières divergences sur le rôle de la religion

C'est dans ce contexte que l'autobiographie de Schreber réapparaît. Vraisemblablement, Jung en a donné un exemplaire à Freud au second congrès de psychanalyse tenu à Nuremberg (30-31 mars 1910) (Freud & Jung 1975: 186 J note 1). Freud lui dit qu'il ne pourra le lire que pendant ses vacances en septembre. En attendant, le 17 juin 1910, Jung félicite Freud pour son *Léonard de Vinci* et dit être tout à fait d'accord avec lui (ibid. 198 J).

Deux jours après avoir reçu les félicitations de Jung, Freud donne, à son tour, son avis sur la première mouture des *Transformations et symboles de la libido* de Jung (ibid. 199 F). Bien que le manuscrit de Jung ait disparu, nous voyons aux remarques de Freud qu'il comprenait où Jung voulait en venir. Le texte commençait vraisemblablement, comme dans la rédaction finale qui sera publiée, par poser qu'après avoir analysé des individus, il fallait maintenant également considérer la voie opposée: essayer de comprendre l'individu en le situant dans l'histoire culturelle et religieuse. Jusque-là, il ne devait pas y avoir de problème pour Freud. Mais ensuite, comme point de départ, Jung pose la distinction entre deux formes de pensée: une pensée dirigée, qui se fait en employant le langage, qui respecte la logique et qui veut avoir prise sur une réalité extérieure ; et une pensée plus archaïque, qui s'apparente au rêve, et où le monde des images et des symboles est chargé de significations indistinctes. Du point de vue de la phylogenèse, la pensée apparentée au rêve est considérée comme primaire: elle est issue d'une manière de vivre où la sexualité était omniprésente mais où, à la décharge directe, s'est substituée la jouissance des représentations qu'elle peut faire surgir. C'est cet héritage tant biologique que culturel qui somnole en nous et que nous réactivons quand nous régressons. Là réside l'auto-érotisme à l'œuvre dans la psychose et c'est bien pour cette raison qu'il existe tant d'affinité entre la psychose et la mythologie.

Tout comme dans une de ses premières lettres à Jung (ibid. 11 F), Freud critique avec force l'idée que la pensée symbolique est une pensée vague (ibid. 199a F). Bien sûr, dit-il, les primitifs rêvent, mais ils ne vivent pas dans le rêve. Freud admet qu'il a insuffisamment creusé le problème du symbole dans son *Interprétation du rêve* mais ne veut absolument par mettre sur le même plan le rêve et la mythologie. Bien qu'il applaudisse à la tentative de Jung d'introduire l'étude de la mythologie dans la psychanalyse, il reste très réservé sur un premier point crucial: «Tout l'essentiel de votre essai subsiste cependant à juste titre. Il y a seulement une lacune ouverte entre, d'une part, les deux formes de la pensée, et, d'autre part, l'opposition du fantasme et de la réalité» (ibid. 199a F). Il y a également un autre aspect qui a déplu à Freud: l'idée que la sexualité s'opposerait à elle-même. C'est pourtant un point auquel Jung tient beaucoup. Dès le début de ses recherches sur la mythologie, il avait dit à Freud comme il avait été surpris, dans la mythologie, par la fréquence du thème de l'inceste c'est-à-dire du « complexe nucléaire des névroses » (ibid. 162 J). Mais s'il emploie le même terme que Freud, Jung met l'accent sur le désir de posséder la mère. Quand, dans cette première mouture des *Transformations et symboles de la libido*, le désir de l'inceste est mis en avant comme contenu central des mythes, Jung insiste sur le fait que ces derniers font aussi apparaître une réaction instinctive de refus : les mythes nous confrontent soit avec des héros qui, certes, osent vaincre leur résistance à pratiquer l'inceste mais aussi à d'autres qui s'y refusent et se font admirer dans leur sacrifice. Jung situe ce refus à l'intérieur de la libido : il ne mentionne aucune angoisse de castration devant le père. En témoigne une brève discussion sur l'interprétation de l'image mythologique de Mithras, sacrifiant son taureau, qui représente une lutte entre deux parties de la libido d'après Jung (200 J), alors que Freud ne veut y voir qu'une perception endopsychique du refoulement (ibid. 231 F).

Mais c'est la distinction entre la réalité et l'imagination qui mobilise toute l'attention de Freud. Immédiatement après avoir lu le texte de Jung, il se met à la rédaction des *Deux principes de l'advenir psychique* (ibid. 199 F, 205 F), un article qu'il aurait voulu laisser mûrir plus longtemps mais qu'il s'est senti obligé de publier rapidement en raison de circonstances … Vraisemblablement une allusion au texte de Jung qui allait bientôt paraître.

Une des clefs du Schreber : Des deux principes du fonctionnement psychique *(1911)*

La question que Freud pose au départ de cet article semble simple : pourquoi la névrose mène-t-elle à la perte du rapport à la réalité ? Il esquisse lui aussi, pour répondre, un schéma évolutionniste concernant l'instauration du principe de la réalité au cours de la psychogenèse de l'individu. Mais Freud est bien plus darwinien que Jung. Au départ, dit-il, il n'y a que la recherche du plaisir et, pour le petit enfant, il semble aller de soi qu'il le trouvera toujours. Quand ce n'est pas le cas, il hallucine ce qu'il veut avoir. Mais cela ne suffit pas et il est donc confronté au déplaisir et se trouve ainsi forcé de trouver des manières pour agir sur la réalité. De là surgit, peu à peu, le penser. D'abord on développe une fonction spécifique qui va à la recherche de ce qui pourrait combler notre manque : l'attention. Puis on retient où cela se trouvait : la mémoire s'installe. Et ainsi s'organise, petit à petit, notre pensée qui veut être sûre que ce qu'elle perçoit est véritablement là. La logique et la pensée scientifique s'installent.

Comment comprendre la perte du sens de la réalité et où placer le vécu fantasmatique qui le remplace dans ce schéma? Pour Freud, fantasmer n'est pas une forme archaïque de la pensée qui existerait avant l'instauration du principe de réalité et qui se serait maintenue en marge de la pensée organisée. Bien qu'il serve à préserver quelque chose d'archaïque, le principe de plaisir et le fantasme sont en soi le produit d'une fonction nouvelle: «Avec l'introduction du principe de réalité, une forme d'activité de pensée se trouve séparée par clivage ; elle reste indépendante de l'épreuve de réalité et soumise uniquement au principe de plaisir. C'est cela qu'on nomme la *création de fantasmes* [*Phantasieren*] qui commence déjà avec le jeu des enfants et qui, lorsqu'elle se poursuit sous la forme de *rêves diurnes*, cesse de s'étayer sur des objets réels» (Freud 1911b: 16-17)[18].

Mais il y a plus: toute activité fantasmatique n'est pas liée aux mêmes sources pulsionnelles. Il faut faire une distinction entre les pulsions du moi et les pulsions sexuelles dont Freud dit – point essentiel pour comprendre la réaction de Jung – que les dernières se séparent des premières dans le cours du développement de l'individu (ibid. 16-17). Cette autonomisation se fait bien plus lentement que l'élaboration des pulsions du moi, et ceci pour deux raisons. Tout d'abord, la sexualité est au départ auto-érotique, elle se contente du plaisir procuré par les zones érogènes et rien ne l'empêche de continuer ainsi. Le principe de réalité ne lui impose aucune frustration. Ensuite, peu après que l'enfant a lié sa sexualité à un objet, vient la période de latence, où il y a peu à soumettre au principe de réalité. Ce n'est qu'à la puberté que la sexualité doit se plier au principe de réalité et que, par un processus de clivage, une partie de la psyché se réserve une zone où elle peut fantasmer librement. Comme cela se fait tardivement, le principe de réalité n'aura pas autant d'emprise sur les pulsions sexuelles que sur les pulsions du moi, ce qui explique leur exubérance et le fait que le refoulement y opère de façon privilégiée.

On comprend donc, nous dit Freud, qu'il y a un lien fort entre les pulsions du moi et la pensée, et un lien tout aussi puissant entre le plaisir de fantasmer et les pulsions sexuelles. Mais, ajoute-t-il, il ne faut surtout pas croire que l'affinité entre sexualité et fantasme signifie que celle-ci soit primaire. Il est bel et bien secondaire: l'auto-érotisme n'est pas lié à des fantasmes, il est sans objet. La pensée n'a pas comme ancêtre une pensée mythologique pleine de

---

[18] *Phantasieren* est difficile à traduire - ici on l'a traduit par *création de fantasmes*. Le texte de Freud peut être lu comme Jung l'aura fait probablement: «les fantasmes surgissent». *Phantasieren* serait donc «se laisser prendre par le jeu de l'imagination».

symboles sexuels. D'ailleurs, dans la suite de l'article, Freud ne conclut rien concernant la perte de la fonction de la réalité, qui était pourtant annoncée comme le sujet qu'il voulait traiter, mais nous parle de religion. Curieusement, il ne met pas celle-ci du côté du fantasme. La religion se place, dit-il, dans la plupart des cas, au service du principe de la réalité. Elle incite l'être humain à accepter de multiples renoncements que la vie exige en échange d'une promesse de dédommagement dans une vie ultérieure. Toutefois, pour Freud, il n'y a que la science qui nous aidera vraiment, car elle nous permet de vraiment changer le monde et nous procure du plaisir intellectuel pendant que nous nous y adonnons (ibid. 18).

Il est vraiment curieux que Freud puisse écrire cela juste après avoir lu et rédigé son texte sur Schreber. Car, chez le Président de la Cour d'Appel, ce n'est pas la religion comme instance secondant l'ordre moral qui est au centre du délire. Au contraire, c'est bien une débauche de fantasmes coulée dans le moule religieux. Mais Schreber est oublié quand Freud écrit ces lignes sur la religion. C'est à Jung qu'il pense. Il entrevoit bien où celui-ci veut en venir : donner à la religion sa place en la liant à un monde fantasmatique qui précéderait phylogénétiquement la pensée rationnelle, et vers lequel l'être humain peut régresser quand la logique et la science reculent. Telle n'est pas la perspective de Freud.

Naissance du Schreber *freudien*

Freud s'attèle à l'écriture de son *Schreber* en septembre 1910. Après les vacances en famille sur la côte hollandaise, il part avec Sándor Ferenczi comme unique compagnon pour trois semaines en Sicile. Pendant ce voyage, Freud se rend compte de ses propres composantes homosexuelles. Il se remémore sa passion pour Wilhelm Fließ et la manière dont l'amitié de Fließ s'est retournée finalement en haine dans une réaction paranoïaque. Presque chaque nuit, il rêve que Fließ revient à lui. Il raconte ses rêves à Ferenczi qui l'irrite néanmoins à cause de sa gentillesse exagérée et de son admiration sans borne pour le maître[19].

C'est dans ce contexte que Freud lit les *Mémoires* de Schreber et se met à rédiger son article. Au départ, il avait conçu de l'écrire avec Ferenczi et de le

[19] Voir Freud & Ferenczi 1992a : lettres 169 F et 170 F. Freud écrira à Jung : « Il s'est comporté de façon trop réceptive et passive, a tout laissé faire pour lui comme une femme, et mon homosexualité ne va quand même pas jusqu'à l'accepter comme tel. La nostalgie d'une vraie femme augmente considérablement dans de tels voyages » (Freud & Jung 1975 : 212 F).

publier sous leurs deux noms, mais il y avait vite renoncé. Le soir, il se retirait donc pour écrire sur les avatars de la pulsion homosexuelle du magistrat de Dresde[20]. Les deux compagnons rentreront d'ailleurs une semaine plus tôt que prévu, suite à un sirocco insupportable et au danger à la fois de choléra et de la malaria qui planait autour d'eux. On penserait à *Mort à Venise* que Thomas Mann était occupé à écrire à ce moment, sauf que son Tadzio était plus farouche que le Sándor de Freud. Ce dernier n'avait pas peur de raconter à Freud qu'il avait rêvé qu'il le voyait tout nu, ce qu'il adoucissait d'ailleurs en interprétant ce rêve dans le sens qu'il recherchait seulement une communication des idées sans réserve avec le maître.

En rentrant de Sicile, Freud n'avait pas son article achevé dans ses bagages. Mais il ne lui faudra plus tant de temps pour l'achever. Dans les premiers mois de 1911, les manuscrits des *Deux principes*, le *Schreber* et les *Transformations et symboles de la libido* sont prêts à paraître finalement dans la même livraison du *Jahrbuch* en août 1911 (Freud & Jung 1975 : 268 F)[21]. En corrigeant les épreuves du *Schreber* en mars 1911, Jung fait part de son admiration à Freud : « C'est maintenant seulement que je jouis des épreuves de votre *Schreber*. Non seulement c'est délicieux et désopilant, mais c'est écrit d'une manière éminemment brillante » (ibid. 243 J). Néanmoins, il fait part d'un brin de dépit de ne pas avoir lui-même tenté d'en faire une analyse plus tôt. Néanmoins, le texte de Freud a dû laisser Jung sur sa faim. Car, s'il y a beaucoup dans le Schreber, beaucoup de choses manquent ou sont, à ses yeux, critiquables.

Rappelons très brièvement l'histoire de ces *Mémoires d'un névropathe*. Le magistrat Daniel Paul Schreber, fils d'un médecin connu pour ses livres préconisant une éducation rigoureuse, doit être interné deux fois[22]. La première, de courte durée, était caractérisée par de l'hypocondrie. Il fut très reconnaissant à Paul Flechsig, professeur de psychiatrie à Leipzig et partisan convaincu de l'approche physiologique, qui était son médecin traitant. Notons au passage que Flechsig avait fulminé dès sa leçon inaugurale contre l'emploi du terme « maladie de l'esprit » [*Geisteskrankheit*] et milité pour l'emploi de celui de « maladie des nerfs » [*Nervenkrankheit*], qu'il trouva plus approprié — terme que nous retrouverons dans le titre des *Mémoires* de Schreber.

---

20 Sur tout ce contexte homosexuel de l'écriture du Schreber, voir la préface de Jacques André dans l'édition Quadrige des P.U.F. Pour le détail de leur périple : Simmons 2006.

21 Pour des raisons qui m'échappent, les *Œuvres complètes* placent le Schreber dans le vol. X (1909-1910) et les « Deux principes … » dans le vol. XI (1911-1913).

22 En fait, trois fois, et il est mort en clinique quelques mois avant la parution du texte de Freud. Mais celui-ci n'était pas au courant de ce troisième internement.

Huit ans plus tard, il eut des craintes que son ancienne maladie fût revenue. Puis, un matin, encore plongé dans ses songes, il se dit que cela devait être bien beau d'être une femme subissant l'accouplement. Son état se détériora et il dut être interné à nouveau, pour huit ans cette fois. Au début il souffrit d'idées hypocondriaques délirantes : son cerveau était ramolli, son œsophage était déchiré, ses poumons avaient presque complètement disparu ... Il était par ailleurs convaincu que son ancien médecin, Flechsig, lui en voulait et surtout qu'il cherchait à le forcer à avoir des relations sexuelles avec lui, demandant également aux soignants de le violer. Puis son délire se systématisa et prit une forme religieuse. S'il devait être changé en femme, c'était parce que Dieu le voulait. Il avait été élu pour sauver le monde qui allait disparaître puis renaître, peuplé cette fois d'une nouvelle race d'humains à qui Schreber aurait donné naissance grâce à son accouplement spirituel avec Dieu.

Ce délire systématisé est très complexe et contient toute une théologie sur la façon dont Schreber considère Dieu et la façon dont il est en contact avec lui. Les nerfs prennent une place centrale dans ce délire, car ils contiennent l'esprit (allusion aux théories de Flechsig ? – Freud ne fait pas le lien). Des rayons célestes unissent les nerfs de Schreber aux nerfs de Dieu dont le plaisir devient de ce fait dépendant des excitations des nerfs de Schreber. Cette communication particulière de nerf à nerf a aussi un effet sur la façon dont Schreber est contraint de déféquer alors qu'il en est fréquemment empêché. Puis il y a toute une théorie sur les parties de Dieu, une partie du devant et une partie du derrière surtout. Et enfin il y a le soleil que Schreber aurait voulu regarder les yeux ouverts et qui pâlit devant lui. Le délire abonde de toute part, mais il semble aider Schreber qui met tout en œuvre pour sortir de clinique et faire publier ses *Mémoires* qui, dit-il, peuvent être très importantes pour la psychologie de la religion. Il y parvient et c'est ainsi que son texte parvient à Jung, à Freud et à nous.

Encore en pleine rédaction du texte, le 31 octobre 1910 (ibid. 218 F), Freud avait donné les grandes lignes de son interprétation à Jung : tout tourne autour du complexe paternel. Il y a une ligne directe, dit-il, entre Flechsig, le père, Dieu, le soleil. Mais il ajoute dans sa lettre des éléments féminins qui disparaîtront dans le texte final. L'avant ou la partie de devant de Dieu sont les femmes (leurs seins), tandis que la partie arrière (les fesses) représente le père et les sublimations qui en dérivent. Mais si le terme de « complexe paternel » apparaît dans le texte publié (Freud 1911c : 278, 281 et 300), et même s'il est qualifié de « familier », on peine à le circonscrire avec précision. Ce n'est assurément pas le complexe d'Œdipe, terme qui n'apparaît pas. De la mère de Schreber, il n'en est pas question. En tout cas, ce n'est pas sur la la rivalité pour la possession des femmes qu'insiste l'analyse de Freud. Cette dernière se joue autour de l'amour du père, de la passion homosexuelle qui s'adresse à lui, et de la position féminine qui l'accompagne. Quand Freud parle de la frustration imposée par le père, il s'agit de l'interdiction de l'auto-érotisme. Et si le terme de « castration » est employé pour désigner la transformation de Schreber en femme, il ne désigne pas une angoisse de perdre l'organe comme ce fut le cas chez le Petit Hans : c'est petit à petit, nerf par nerf que Schreber se sent transformé en femme et qu'il commence à sentir ce qu'est la volupté féminine.

Vouloir être femme ... est-ce de l'homosexualité ? Ne projetons pas nos questions sur la transsexualité et la différence entre identité sexuelle et « genre » dans la pensée freudienne qui tâtonne. Il reste que Freud a bien du mal à faire concorder sa théorie sur l'homosexualité avec ce que Schreber nous rapporte sur son désir.

L'homosexualité dans le Schreber

La troisième partie du texte de Freud, consacrée à une réflexion théorique sur la paranoïa, commence par un long passage sur l'homosexualité. Elle est introduite de façon ambiguë. Jusqu'ici, nous dit Freud, j'ai analysé l'ouvrage de Schreber comme je l'aurais fait avec mes patients. J'ai décrypté le délire du premier comme j'analyse les rêves et les symptômes des seconds et je n'ai pas trouvé d'éléments inhabituels. Pourquoi est-il devenu un paranoïaque et non pas un simple névrosé ? Moi-même et mes collègues, Jung et Ferenczi particulièrement, écrit-il, nous nous sommes rendus compte qu'au fond de chaque paranoïa, il y avait toujours de l'homosexualité. Voyons donc en quoi consiste cette position psychique et quels en sont les fondements.

Freud nous répète qu'à l'origine la libido est auto-érotique mais qu'elle se lie ensuite à une représentation du corps propre donnant naissance au narcissisme, l'amour de soi-même, source d'une fierté spéciale pour les organes sexuels propres. Puis, de là, la libido s'attache à quelqu'un qui a le même sexe : c'est la phase homosexuelle par laquelle il faut passer pour accéder ensuite à l'hétérosexualité. Toute l'homosexualité n'est pas absorbée par cette hétérosexualité mais ce qui en reste est normalement sublimé dans les relations sociales entre hommes et l'esprit de camaraderie. Notons que dans cette première analyse de la position homosexuelle en général, Freud n'envisage en réalité que l'homosexualité masculine.

La suite est claire : le paranoïaque est celui qui a un point faible, un point de fixation, remontant à son passage de l'auto-érotisme vers homosexualité, puis vers l'hétérosexualité. Quand il subit une grave déception dans sa vie amoureuse ou que ses sublimations homosexuelles sont défaites, il régresse vers ce point critique et se voit confronté de nouveau à son homosexualité, voire bascule dans l'auto-érotisme. Quand il s'agit simplement d'un retour à la phase homosexuelle, ce qui provoque de l'angoisse (Freud ne dit pas pourquoi), cela provoque la défense massive qu'est la paranoïa[23].

Comment expliquer que la négation de l'homosexualité conduise à une paranoïa plutôt qu'à une simple névrose ? Pour répondre, Freud devrait expliquer ce qui se passe exactement dans la projection, processus typique de la paranoïa. Mais il avoue que c'est là un problème où il ne voit pas encore clair et qu'il doit remettre à plus tard. Ce qu'il ne fera jamais. Il repasse à la question du désinvestissement, qui le mènera d'ailleurs à une autre impasse. Il y retrouvera d'ailleurs des problèmes laissés en suspens concernant l'homosexualité.

Notons d'abord un paradoxe. Dans le texte de Schreber, tel qu'il est analysé par Freud, l'homosexualité consiste à vouloir être une femme. Dans la partie théorique du texte de Freud, elle reflète un moment où on passe du narcissisme à l'hétérosexualité, un moment de connivence entre garçons, dirions-nous, fiers d'être des mâles. Comment concilier ces deux conceptions ? L'homosexualité se construit-elle en rapport avec la mère ou avec le père ? Dans le Léonard tel que Freud l'analyse, le père est absent et c'est en s'identifiant à sa mère que Léonard se met à aimer des garçons tels que sa mère l'a aimé lui. Dans le Schreber, pas de mère mais un père admiré et aimé d'après Freud – faisons lui grâce de ne pas avoir su ce que nous savons maintenant : que c'était un tyran sadique.

Relevons encore une chose très surprenante. Freud ne parle pas de pénétration anale. Alors qu'il s'attarde à citer longuement les passages des *Mémoires* où Schreber décrit abondamment ses problèmes de défécation, le fait que les rayons divins fassent avancer puis régresser ses selles ne lui font penser à rien au niveau de ses interprétations. L'analité est gommée dans l'interprétation de Freud, alors qu'elle avait joué un tel rôle dans ses analyses de névroses obsessionnelles. Quant à l'agressivité qui est à l'œuvre quand le paranoïaque se met à haïr celui qu'il aimait tant auparavant, elle ne semble qu'un facteur secondaire dans la façon dont Freud décrit le désinvestissement et le retour de la libido. Mais quel est le lien entre agressivité et amour, et entre agressivité et homosexualité en particulier ?

[23] De là les différentes formes de négation de la phrase « moi, un homme, je l'aime lui, un homme » mises en exergue par Jacques Lacan (Lacan 1958).

Il est clair qu'au moment où Freud veut trouver dans l'homosexualité la clef de la paranoïa, il n'est pas encore en possession d'une théorie sur ce phénomène qu'il considère pourtant comme foncièrement humain. L'auteur des *Trois Essais*, ouvrage qui aurait dû s'intituler *La bisexualité humaine* au départ, est peut-être trop pris par sa propre immersion dans la problématique homosexuelle pour pouvoir en appréhender toutes les formes possibles et les différentes constructions psychologiques qu'elles peuvent comporter. Le *Schreber* ne s'inscrirait-il pas dans une auto-analyse de Freud qui hypothèquerait la lucidité de ses analyses ?

Le Schreber *de Freud : une fin de non-recevoir*

Dès ses premiers contacts avec Jung, Freud a posé une hypothèse qu'il a voulu vérifier à travers son analyse des *Mémoires* de Schreber : la paranoïa est le résultat d'un désinvestissement de l'objet. Plus tard, il nuancera : ce désinvestissement est partiel et ne concerne que la part homosexuelle de la libido. Par cette précision, Freud rend peut-être compte de son expérience clinique, mais introduit assurément un problème de taille au niveau de ses conceptions métapsychologiques : pourquoi est-ce précisément le désinvestissement de cette partie homosexuelle qui mène à la paranoïa ?

Dans son texte, Freud s'évertue à démontrer que la psychose de Schreber ne débute pas quand il commence à délirer. Le moment décisif du processus pathologique se fait sans bruit et a lieu quand le sujet rompt les liens qu'il a tissés avec la réalité. Cette « fin du monde », évoquée par Schreber, passe la plupart du temps inaperçue. Le délire qui frappe bien plus notre imagination est, en fait, déjà une tentative de guérison. C'est une tentative de reconstruction de la relation au monde : « Et le paranoïaque le réédifie, pas plus splendide certes, mais du moins tel qu'il puisse de nouveau y vivre » (Freud 1911c : 293).

Comment comprendre qu'un désinvestissement purement libidinal puisse mener à une perte si radicale du sens de la réalité ? Après tout son détour sur l'homosexualité, Freud aurait dû se demander pourquoi un désinvestissement de la part homosexuelle de la libido peut mener à la perte de la réalité. Mais cette question reste tue. Il se demande seulement : si nous partons de l'hypothèse commune qu'il y a deux types de pulsions, celles de l'auto-conservation et celles de la propagation de l'espèce, celles du moi et celles de la sexualité, pourquoi les pulsions associées au moi ne suffiraient-elles pas à sauvegarder le lien avec la réalité ? Une piste est avancée : « un trouble de grande ampleur dans le placement de la libido peut induire aussi un trouble correspondant dans les investissements du moi » (ibid. 296). Mais Freud ajoute immédiatement que ce sont là des hypothèses qu'il abandonnera s'il le faut, car la psychanalyse ne dispose pas encore d'une véritable théorie des pulsions. Faute de mieux, elle s'appuie sur la distinction populaire entre les pulsions du moi et la pulsion sexuelle (ibid. 297). Freud ne parvient donc pas à expliquer pourquoi, chez Schreber, une paranoïa s'installe plutôt qu'une névrose. Et, curieusement, il reprend l'explication par la projection qu'il avait tout d'abord écartée. Le problème est trop complexe, dit-il, et il promet d'y consacrer un article plus tard - qui ne paraîtra jamais.

Quant à la religion, il n'y voit pas beaucoup plus clair. Il se rendait compte que Jung allait poursuivre sa propre hypothèse selon laquelle l'auto-érotisme (ou «autisme») vers lequel le psychotique régresse, n'était pas vide de représentations mais recélait un héritage phylogénétique où somnole le pouvoir de construire des mythes. Jung le répétera plus tard fréquement: détruisez toute religion sur terre et elle réapparaîtra d'elle-même, à partir de l'inconscient. Freud ne voulait pas entendre parler de cela. Quand, en réponse à Jung, il dira ce qu'il pense de la religion, dans *Totem et Tabou*, les matériaux cliniques de Schreber seront oubliés. Jung, pour sa part, reprendra la discussion à partir du texte des *Trois Essais*. Pourquoi Freud ne voulait-il pas accepter l'hypothèse d'une libido originellement indifférenciée, d'une pulsion vitale au sens large ne se différenciant que peu à peu, pour une part, en sexualité au sens strict du terme? Et quel était le problème à supposer qu'une dynamique innée produisait cette différenciation?[24] Freud ne répondra pas. Au lieu de développer sa propre conception, il supprimera tout simplement le passage cité par Jung dans les éditions ultérieures des *Trois Essais*[25]. Fin de non-recevoir à Jung.

Daniel Paul Schreber aurait voulu apporter quelque chose à la psychologie de la religion. C'est pour cela qu'il avait écrit ses *Mémoires*. On ne peut pas dire qu'il ait été entendu par Freud. Jung à apporté le texte de Schreber à Freud pour pouvoir discuter de la libido et des rapports entre réalité et fantasme. Là aussi, refus de Freud. Mais les problèmes qu'ils ont tout deux apportés vont déterminer, en grande partie, la suite de la trajectoire freudienne.

---

[24] C.G. Jung, «Wandlungen und Symbole der Libido II» *Jahrbuch für psychoanalytische und psychopathologische Forschungen* 4 (1912) nr.1, pp. 171-173. Pas de traduction française.

[25] Il s'agit du passage: «A côté d'une "pulsion" en soi pas sexuelle, issue d'impulsions motrices, on différencie dans les pulsions partielles une contribution d'un organe recevant de stimuli (peau, muqueuse, organe des sens). Ce dernier doit être qualifié de *zone érogène*, en ce qu'il est l'organe dont l'excitation confère à la pulsion son caractère sexuel» (Freud 1905d). L'édition des Œuvres complètes en français l'a heureusement rétabli en note (note a).

Références bibliographiques

André, J. (2001) : *Le Président Schreber.* P.U.F. Quadrige, 2001.

Bleuler, E. (1906) : *Affektivität, Suggestibilität, Paranoïa.* Halle, Marhold, 1906.

Bleuler, E. (1911) : *Dementia praecox oder Gruppe der Schizophrenien* dans G. Aschaffenburg, *Handbuch der Psychiatrie*, Spezieller Teil, 4. Abteilung, 1. Hälfte, 1911.

Freud, S. (1905d)* : *Trois Essais sur la théorie sexuelle.* Œuvres complètes, vol. VI, P.U.F., 2006.

Freud, S. (1906a) : *Mes vues sur le rôle de la sexualité dans l'étiologie des névroses.* Œuvres Complètes, vol. VI, P.U.F., 2006.

Freud, S. (1907b) : *Actions de contrainte et exercice religieux.* Œuvres Complètes, vol. VIII, P.U.F, 2007.

Freud, S. (1909b) : *Analyse de la phobie d'un garçon de cinq ans.* Œuvres Complètes, vol. IX, P.U.F. 1998.

Freud, S. (1910h) : *Un type particulier de choix d'objet chez l'homme.* Œuvres complètes, vol. X, P.U.F., 1993.

Freud, S. (1911b) : *Formulation sur les deux principes de l'advenir psychique.* Œuvres Complètes, vol. XI, P.U.F., 1998.

Freud, S. (1911c) : *Remarques psychanalytiques sur un cas de paranoïa (dementia paranoides) décrit sous forme autobiographique.* Œuvres Complètes, vol. X, P.U.F., 1993.

Freud, S. & Jung, C. G. (1975) : *Correspondance 1906-1914.* Paris, Gallimard, 1975.

Freud, S. & Ferenczi, S. (1992a) : *Correspondance 1908-1914*, Calmann-Lévy, 1992.

Jung, C. G. (1907) : *Über die Psychologie der Dementia Praecox. Ein Versuch.* Halle, Marhold, 1906 (daté de 1907). Dans Gesammelte Werke, Düsseldorf, Walter, vol. 3, 1979.

Jung, C. G. (1909) : *Die Bedeutung des Vaters für das Schicksal des Einzelnen* dans Jahrbuch für psychoanalytische und psychopathologische Forschungen I (1909), 155-173, Leipzig & Vienne, 1909.

Jung, C. G. (1910) : *Über Konflikte der kindlichen Seele* dans Jahrbuch für psychoanalytische und psychopathologische Forschungen II (1910) 33-58, Leipzig & Vienne, 1910.

Lacan, J. (1958) : *D'une question préliminaire à tout traitement possible de la psychose* dans *Ecrits*, Paris, Seuil, 1966.

Schreber, D. P. (1903) : *Mémoires d'un névropathe.* Paris, Points Essais, Seuil, 1985.

Simmons, L. (2006) : *Freud's Italian Journey.* Amsterdam, Rodopi, 2006.

Vandermeersch, P. (1991) : *Unresolved Questions in the Freud-Jung Debate. On psychosis, sexual identity and religion*, Leuven: Leuven University Press, 1991.

* La lettre situe l'ouvrage dans la chronologique des publications de l'année.

L'Homme aux loups
L'animal sexuel et la scène primitive

Elissa Marder
(Traduit de l'anglais par Gilles Ribault)

Présentation

Quand il rédige, en 1914, A partir de l'histoire d'une névrose infantile, *cela fait quelques années déjà que Freud soutient l'idée d'une sexualité précoce non plus seulement chez le futur névrosé mais également chez l'enfant le plus normal (Freud 1905d). Mais quel est le statut d'une sexualité qui, en raison de sa précocité pré-pubertaire, ne peut plus être pensée sur le modèle d'un instinct de reproduction ? Elle n'est ni instinctive ni culturelle ; ni totalement endogène ni exclusivement exogène. Quel est donc cet entre-deux en lequel s'élabore, pour l'homme, la question sexuelle ? S'il s'est surtout penché sur les implications psychopathologiques de sa perspective à travers l'étude de cas du Petit Hans ou de l'Homme aux rats, s'il s'est tourné vers la question de l'homosexualité à l'horizon de ses travaux consacrés à Schreber et à Léonard de Vinci, Freud avait retardé jusqu'alors le moment de se confronter à une tâche cruciale qu'engage sa conception : penser la construction, chez l'enfant, de sa future sexualité génitale et le rôle, dans ce processus, de la différence sexuelle. Là est sans doute l'enjeu principal de l'étude consacrée à l'Homme aux loups comme le montre l'article qui suit*[1].

En circulant dans l'écheveau des analyses freudiennes autour du rêve de l'arbre aux loups, Elissa Marder montre comment les fils de la libido du jeune rêveur se nouent autour de l'irreprésentabilité de l'acte sexuel et de la différence des sexes. Cette différence n'est pas une simple donnée d'observation. C'est une distinction morphologique qui fait effraction dans la pensée du sujet et qui, par son caractère incompréhensible, fait de l'élaboration psychique de la sexualité un processus inachevable. La différence sexuelle est haussée, chez Freud, au rang d'une irréductible énigme que ni l'enfant ni l'adulte ne résoudront jamais. Elle n'existe qu'à titre d'opérateur psychique, instigatrice d'une pulsion de savoir, d'une quête, d'un bricolage de solutions imaginaires toujours bancales où l'incompréhension originelle ne fait que migrer, se transférer, se transposer, errant tout particulièrement entre le monde des hommes et l'univers des animaux. La façon dont l'Homme aux

---

[1] Ce texte reprend, pour l'essentiel, le contenu d'un des chapitres de l'ouvrage d'E. Marder : *The Mother in the Age of Mechanical Reproduction* (Fordham University Press, New York, 2012).

*loups traduit, dans son rêve, les souvenirs de la scène érotique à laquelle il a assisté très jeune, n'est qu'un exemple de la manière dont tout enfant tente de s'approprier la pensée impossible de l'autre sexe c'est-à-dire d'une anatomie sans équivalent en sa propre expérience corporelle. La scène primitive (*Urszene*) apparaît, sous la plume d'Elissa Marder, comme le mythe fondateur de la sexualité humaine.*

G.R.

L'après-vie de L'Homme aux loups

Si l'histoire de cas communément appelée « L'Homme aux loups », par référence au surnom donné au plus célèbre des patients de Freud, demeure aujourd'hui encore la plus connue, c'est en partie parce qu'elle est restée inachevée. Non seulement ce cas a résisté à toute forme de conclusion (clinique, théorique et même textuelle) mais il continue à bien se porter dans ce qu'on pourrait appeler une « après-vie » (*afterlife*) sans précédent. Depuis que Freud déclara prématurément son patient « guéri », en 1914, *L'Homme aux loups*[2] a été l'objet de nombreux articles cliniques et théoriques en psychanalyse (dont ceux écrits par Freud lui-même). Par le matériel qu'il fournit, il a également été à la source de travaux, psychanalytiques appartenant à des champs disciplinaires aussi variés que la philosophie, la théorie et la critique littéraire, l'histoire de l'art ou les études sur le genre et la sexualité. Lors de ses nombreuses « réapparitions », ce texte a continué de fournir aux psychanalystes de nouvelles perspectives cliniques, de théories métapsychologiques et littéraires originales concernant aussi bien le rêve que les contes de fées en passant par diverses formes d'obsession, de trauma et de deuil raté.

Serge Pankeiev est la personne qui se cache derrière la construction psychanalytique de l'Homme aux loups. Il mourut en 1979 à l'âge de 92 ans après avoir survécu à deux guerres mondiales, à la prise de contrôle de l'Autriche par les nazis, à la ruine financière, à son exil et aux suicides de sa sœur et de sa femme. Il vécut sa longue vie en tant qu'Homme aux loups, s'appropriant à merveille son avatar psychanalytique à des fins financières, libidinales et professionnelles, acceptant même d'écrire et de publier ses mémoires sous le nom hybride que la psychanalyse lui avait donné plutôt que

[2] La locution *L'Homme aux loups* désigne le texte de Freud de 1914 publié en 1918 (Freud 1918b). La même locution, sans italiques et avec un l minuscule (« l'Homme aux loups ») renvoie au patient de Freud [Note de l'éditeur].

sous son vrai nom. Durant sa longue carrière de patient, l'Homme aux loups fit de nombreux (et parfois récurrents) traitements : deux cures avec Freud (la première de 1910 à 1914 et la seconde en 1923) ; un suivi analytique avec Ruth Mack Brunswick qui en tira un compte-rendu sous le titre, *Un supplément à « L'histoire d'une névrose infantile » de Freud*, en 1928, qu'elle mit à jour en 1945 ; un échange quasi psychanalytique avec Muriel Gardiner qui publia, en 1971, *L'Homme aux loups par l'Homme aux loups* dans lequel les écrits autobiographiques et les réflexions personnelles du patient de Freud sur son histoire furent rendues publiques pour la première fois en anglais — donc un texte que l'intéressé ne pouvait pas comprendre. Cette dernière publication fut effectuée en même temps qu'un autre compte-rendu clinique de Ruth Mack Brunswick et de nouveaux documents concernant le même cas[3].

L'ensemble des articles rassemblés dans le volume publié par Muriel Gardiner a fourni beaucoup des matériaux sur la base desquels Nicolas Abraham et Maria Torok ont proposé, de façon originale et provoquante, leur réévaluation clinique du cas dans *Le Verbier de l'homme aux loups*, publié en français en 1976, puis, dans une traduction enrichie, en anglais, sous le titre *The Wolf Man's Magic Word*, en 1986 — presque dix ans après la mort de Nicolas Abraham et de l'Homme aux loups lui-même (Abraham & Torok 1976). La façon dont ces auteurs repensent le deuil raté et avancent la notion de « crypte » (c'est-à-dire l'incorporation magique d'un autre, ni mort ni pleuré, secrètement inhumé au sein même de la psyché) provient, pour une large part, de leur travail rétrospectif sur des matériaux de la cure de l'Homme aux loups non exploités par Freud.

Comme Abraham et Torok le soulignent (et comme le savent tous ceux qui connaissent ce texte célèbre), Freud n'a cessé de revenir lui-même, de façon répétée et obsessionnelle, sur les données de ce cas. On peut trouver des références plus ou moins explicites à *L'Homme aux loups* dans de nombreux textes : *Matériaux de contes dans les rêves* (1913), *De la fausse reconnaissance (déjà raconté) pendant le travail psychanalytique* (1914), *Remémoration, répétition et perlaboration* (1914), *Le refoulement* (1915), *L'inquiétance* (1919), *Inhibitions, symptômes et angoisse* (1926), *L'analyse finie et l'analyse infinie* (1937), et dans des articles posthumes comme *Le clivage du moi dans le processus de défense* (1941). Cette liste est loin d'être exhaustive. La tâche consistant à débusquer des allusions à l'Homme aux loups dans les écrits de Freud a fasciné plus d'un lecteur. Dans *Le Verbier de L'Homme aux loups*, par exemple, Abraham et

3 Ces textes sont regroupés, avec d'autres, dans Gardiner 1981.

Torok soutiennent de façon convaincante que Serge Pankeiev a pu servir de modèle au patient décrit dans l'essai sur le fétichisme (Freud 1927e)[4].

L'Homme aux loups soulevant presque toutes les difficultés techniques les plus épineuses de la psychanalyse ainsi que les obstacles conceptuels les plus insolubles, ce n'est peut-être pas un hasard que Freud soit revenu si souvent sur ce cas dans ses derniers travaux. Il y fait implicitement allusion comme à son patient le plus obstinément « sans fin » (*unendlich*), dans son article de 1937, *L'Analyse finie et l'analyse infinie* (*Die endliche und die unendliche Analyse*). Il reconnaît aussi ouvertement sa longue fascination pour ce cas : « Lorsqu'il me quitta en plein été 1914, sans pressentir, pas plus que nous tous, les événements si imminents, je le tenais pour guéri, en profondeur et durablement. Dans un ajout à l'histoire du malade (1923), j'ai déjà rapporté que cela ne se confirma pas » (Freud 1937c : 19). A plusieurs reprises le patient rechuta. Freud poursuit : « L'habileté d'une de mes élèves, Mme le Dr. Ruth Mack Brunswick a mis fin, chaque fois, à ces [accès maladifs], après un court traitement » (ibid. 19). Bien souvent, « le matériel pathogène consistait en fragment de son histoire d'enfance qui, dans l'analyse avec moi, n'étaient pas venus au jour et qui maintenant — on ne peut éviter cette comparaison — se détachaient après-coup comme les fils après une opération ou comme des fragments osseux nécrosés. Je trouvais l'histoire de guérison de ce patient non moins intéressante que son histoire de malade » (ibid. 19). Et si la longue histoire de cette interminable « guérison » (pour reprendre le terme optimiste de Freud) marquée par la persistance d'insolubles matériaux originels qui ne disparaissent pas comme de simples fragments osseux nécrosés mais se maintiennent, au contraire, et font valoir au patient et au psychanalyste, leurs revendications obstinées - et si donc cette longue histoire sans fin n'était que l'expression de la structure et des fondations mêmes du cas ?

A ce point de la discussion, il est important de rappeler que le titre de cette étude n'est pas *L'Homme aux loups* mais *A partir de l'histoire d'une névrose infantile*. L'objectif déclaré de Freud y est d'analyser une névrose infantile précoce de façon rétrospective, par la reconstruction de la maladie d'enfance à partir de traces résiduelles, de sédiments ainsi que de souvenirs qui ont été déposés dans la psyché et devinrent manifestes plus tard, à l'âge adulte, durant la cure. Le très étonnant présupposé de travail de cette investigation

[4] Dans cet article de Freud, le patient manifeste beaucoup d'intérêt pour un « reflet sur le nez » (*Glanz auf der Nase*), expression qui peut s'entendre comme un énoncé à sens multiple, en différentes langues, devant ainsi être traduit pour être interprété. Pour une excellente discussion de la question de la traduction, en général, dans le cas de l'Homme aux loups, voir Cynthia Chase 1992 : 103-126.

est le suivant : afin d'accéder autant que possible au matériel psychique le plus ancien, il convient d'accroître (et non de raccourcir) la durée séparant le trauma infantile originel du traitement analytique. Dans un passage très frappant du début de l'étude, Freud écrit : « Les analyses conduisant en peu de temps à une issue favorable seront précieuses pour l'amour-propre du thérapeute et révèleront la significativité médicale de la psychanalyse ; pour l'avancement de la connaissance scientifique, elles restent le plus souvent sans portée. On n'en apprend rien de nouveau. Elles n'ont d'ailleurs réussi aussi rapidement que parce qu'on savait déjà tout ce qui était nécessaire à leur liquidation. On ne peut apprendre du nouveau que d'analyses offrant des difficultés particulières que l'on surmonte en dépensant alors beaucoup de temps. C'est seulement dans ces cas que l'on parvient à descendre dans les strates les plus profondes et les plus primitives du développement animique et à tirer de là les solutions aux problèmes des configurations ultérieures. On se dit alors que, rigoureusement parlant, seule l'analyse ayant avancé aussi loin mérite ce nom. Un cas pris isolément n'instruit naturellement pas sur tout ce qu'on voudrait savoir. Pour mieux dire, il pourrait tout enseigner si l'on était en mesure de tout concevoir et si l'on n'était pas obligé par l'inexpérience de sa propre perception de se contenter de peu » (Freud 1918b : 8)

Récapitulons : les analyses courtes satisfont le psychanalyste parce qu'elles tendent à produire les résultats attendus. Mais elles sont de valeur limitée car elles restreignent le champ de l'investigation à du matériel connu et à des problèmes reconnaissables. « Quelque chose de nouveau » ne peut être appris que de cas qui présentent des difficultés particulières. Ces derniers ont un rapport spécifique au temps : ils durent plus longtemps — peut-être même sont-ils interminables — puisqu'ils réussissent à plonger dans « les strates les plus primitives du développement animique ». Freud semble suggérer qu'il existe un rapport temporel inversé entre la durée du traitement et la profondeur de l'analyse : à mesure que le traitement dure, l'analyse remonte inexorablement dans les brumes obscures d'un temps hors du temps — vers un passé préhistorique qui constitue les couches les plus profondes et primitives de la psyché, ordinairement inaccessibles.

Ce qui vient d'être dit montre à quel point *A partir de l'histoire d'une névrose infantile* est une étude de cas très particulière et pointe que les questions techniques concernant la durée de la thérapie, dans sa première séquence comme dans les suivantes (depuis la décision initiale d'examiner le trauma infantile à partir des données de la vie adulte jusqu'à celle d'imposer une date butoir à l'analyse afin d'y mettre un terme) sont inextricablement liées au traitement de la question même du temps. Mais si ce cas est aussi particulier qu'il paraît l'être, quel est ce « quelque chose de nouveau » qu'il est censé nous apprendre ? A en juger d'après sa durée, il devrait nous conduire vers les couches de l'âme les plus profondes qui soient. Ou plus loin peut-être encore.

L'invention de la scène primitive

L'expression célèbre que Freud attacha à la strate psychique la plus profonde qu'il lui fut donné d'atteindre dans l'étude de ce cas est celle de « scène primitive ». En sa signification la plus élémentaire, ce terme renvoie à un événement traumatique précoce et marquant durant lequel un enfant assiste à un rapport sexuel entre ses parents, à un âge où il est trop jeune pour comprendre ce qu'il voit. Dans le cas particulier de l'Homme aux loups, toutefois, les choses sont un peu plus compliquées : à partir d'un rêve évoquant des loups, Freud fait l'hypothèse de l'existence d'une scène de coït qu'il s'attache à reconstruire alors même que ce rêve, où n'est nullement décrit ce qui s'est passé lors de la supposée scène originelle, est l'unique témoignage de cet événement inaccessible à la mémoire du patient.

Avant de m'attaquer à une lecture du texte de Freud, je voudrais esquisser à gros traits le sens de mon propos. L'élaboration compliquée de la scène primitive dans *A partir de l'histoire d'une névrose infantile* peut se lire, d'après moi, selon trois paradigmes conceptuels, distincts mais liés : 1) *Un conte merveilleux*. La scène primitive est une fable merveilleuse qui permet à Freud de rendre compte de l'émergence d'une subjectivité humaine spécifique, née d'une sexualité infantile aux allures animales (*animal-like*) mais qui demeure étrangère à toute forme d'instinct sexuel. Comme la fable de l'origine de la religion (le meurtre originel et la consommation du totem du père de la horde) racontée dans *Totem et tabou* et écrite durant le traitement de l'Homme aux loups, celle de la scène primitive a pour fonction de relater la façon dont les hommes sont devenus humains à travers la naissance de l'inconscient. 2) *Une image fantasmatique*. Alors que *Totem et tabou* nous propose un récit – un mythe d'origine digne d'une histoire de Kipling, racontant sur le mode du « il était une fois … » la façon dont est née la culture humaine -, la monographie consacrée à l'Homme aux loups, par contraste, met en avant un rêve qui se présente comme un « cliché » du moment précis où, tout homme, dans son histoire infantile, naît à la subjectivité. Comme nous allons le voir, la pièce à conviction sur laquelle repose l'investigation freudienne est une image onirique très particulière qui opère davantage comme un appareil psychique magique que comme un rêve normal. Freud présente son document-rêve de deux façons : à travers la description verbale de l'image d'une part et, d'autre part, en reproduisant la célèbre illustration du rêve que l'Homme aux loups avait lui-même dessinée et qui est glissée entre les pages du livre comme un corps photographique étranger[5]. En tant que manifestation de la scène primitive, l'image ne témoigne pas seulement d'un événement que le rêveur est incapable de voir (puisqu'il se produisit avant que le rêveur ne soit « né » comme sujet), mais elle précipite également sa propre entrée dans la subjectivité. 3) *Une figuration imaginaire du caractère interminable de la naissance.* Ce qui vient d'être dit autour de la structure temporelle de la scène primitive, donne à comprendre que naître, ce n'est pas arriver biologiquement au monde. Psychiquement, nous ne naissons pas ainsi. En considérant la scène primitive comme une figure imaginaire de notre naissance, celle-ci apparaît comme un étrange et interminable processus qui hante la vie tout entière, s'adresse à nous à travers ses répétitions mécaniques dont la signification ne se fait connaître que rétrospectivement.

Une dernière remarque préliminaire encore. Comme nous l'avons déjà laissé entendre, cette étude n'est pas seulement le lieu où Freud expose de la façon la plus radicale le concept de scène primitive *en* psychanalyse mais constitue aussi, pour ainsi dire, une scène primitive *pour* la psychanalyse. Ce cas, impossible à contenir, contient pourtant tous les problèmes laissés sans réponse, toutes les affirmations les plus énigmatiques de la psychanalyse ainsi que les aperçus les plus essentiels concernant la sexualité infantile, l'hystérie, la bisexualité, le travail du rêve, les souvenir-écran, l'érotisme anal, le masochisme, le clivage, le deuil et la mélancolie, la phobie des animaux, la castration, la complaisance somatique, les fantasmes relatifs à la vie intra-utérine, les fantaisies originaires et le refoulement originaire. En bref, tout particulier qu'il soit, le cas de l'Homme aux loups ressemble au texte d'un rêve qui amalgame dans une merveilleuse narration toutes les pièces de l'appareil métapsychologique et beaucoup des écrits techniques. Vu sous cet angle, l'étude se présente comme l'entrepôt des idées et des concepts auxquels Freud est incapable de conférer un statut clair, ni par l'argumentation théorique, ni par des preuves cliniques. A la dérive d'une métapsychologie incapable d'en rendre raison, ces figures errantes de la pensée psychanalytique rejoignent le régime fantastique des nombreuses fictions qui dominent ce cas interminable. En d'autres termes, le texte de Freud répète et récapitule la scène primitive de la naissance de la psychanalyse elle-même.

---

5 Il convient de rappeler ici que, comme le rapporte Whitney Davis, Otto Rank provoqua une "petite tempête" (pour reprendre l'expression de Davis) au sein du petit cercle freudien en rapprochant le rêve des "six ou sept loups" des photographies accrochées sur le mur de sa salle d'attente de Freud à l'époque du traitement (Davis 1995 : 61-65).

Animaux, rêves et scène primitive

Dans *L'Homme aux loups*, les animaux sont primordiaux. En contraste avec la figure folklorique du loup-garou qui décrit la possibilité pour l'homme d'aller et venir entre sa condition et celle de la vie animale, Freud est aux prises, dans cette étude, avec le problème inverse : comment, pourquoi et quand le substrat quasi animal (*animal like*) de la psyché humaine, la sexualité, donne-t-il naissance à la subjectivité humaine ? Tout au long de l'investigation, Freud se débat avec le fait que celle-ci se fonde sur une relation à la sexualité qui nous rend simultanément trop proches et trop éloignés du royaume animal. Bien que les animaux hantent chaque page du texte de Freud, le statut de l'animal en tant que tel a été bien peu commenté[6]. Il est en effet presque impossible de parler de l'animal en général dans la mesure où, précisément, dans l'étude en question, les nombreux animaux ou figures animales opèrent à des niveaux de réalité et d'organisation psychique différents, parfois même exclusifs les uns des autres. On a en réalité affaire, dans ce texte, à une impressionnante faune et à un véritable bestiaire. A côté des fameux loups, on trouve d'importantes références aux moutons, aux chiens de berger, aux mouches et aux chenilles, aux scarabées, aux serpents, aux chevaux, à une guêpe, à des boucs, à un oiseau à plumes, à une chenille géante, à un escargot et, pour finir, à un papillon à queue-de-pie dont nous découvrons qu'il est la seconde incarnation de la même angoisse que celle qui produisit le rêve des loups. Certains de ces animaux sont des représentations qui viennent de contes et de livres d'images, d'autres sont produites par le rêve et d'autres, enfin, correspondent à des animaux rencontrés dans la réalité. D'autres encore remplacent des humains. En un mot, les animaux ne sont pas toujours, ou pas simplement, des animaux. Plus problématique encore : il semble qu'ils puissent se mouvoir d'un statut à un autre avec une remarquable facilité. Les figures animales opèrent à tous les niveaux de l'étude et sont parties prenantes, selon des médiations compliquées, de son cadre conceptuel. Je voudrais montrer, dans ce qui suit, que les animaux occupent un rôle crucial, bien que quelque peu obscur, dans beaucoup, si ce n'est dans la plupart, des problèmes théoriques soulevés par le cas de l'Homme aux loups, à savoir : le statut temporel de la scène primitive et la structure de l'après-coup, la relation entre scènes et fantaisies primitives, la spécificité de la sexualité infantile, le refoulement originaire et la formation

---

6 Il y a toutefois quelques exceptions notoires. Gilles Deleuze et Felix Guattari ont poursuivi l'analyse faite par Freud du nombre des loups dans le rêve de l'Homme aux loups (Deleuze 1980). Voir aussi : Gary Genosko (1993) et Tom Tyler (2008). Kelly Oliver accorde également beaucoup d'attention, dans son ouvrage *Animal Lessons*, au rôle que jouent les animaux dans les grands textes psychanalytiques et philosophiques (Oliver 2009).

de l'inconscient, la castration et la différence sexuelle, les justifications de la différence entre l'instinct animal (*Instinkt*) et la pulsion humaine (*Trieb*). Loin d'argumenter en faveur d'une quelconque continuité entre l'humanité et l'animalité, j'entends soutenir au contraire que, paradoxalement, les animaux servent, dans le texte de Freud, à fournir de drôles d'indices de la spécificité de la psyché humaine. Mon intention, en m'intéressant à eux, est de rendre visible l'énigme de la sexualité et de la subjectivité humaine. Bizarrement, il apparaîtra dans ce qui suit que l'un des traits définissant l'être humain est l'incorporation de figures animales au sein même de la psyché ; ces figures intérieures sont les étranges traces de la différence radicale qui nous sépare des animaux.

Commençons par retourner à la scène primitive elle-même. Essayant d'établir le rôle fondamental joué par la sexualité infantile dans la vie psychique individuelle, Freud consacre toute son étude à la genèse et à la discussion de cet événement singulier. Répétons-le: il s'agit d'une scène qui s'est produite, pour ainsi dire, deux fois. La première est celle de l'événement dit «réel» auquel l'enfant a assisté. Parce que cette observation précipitée n'a pas été assimilée, les traces laissées par les images incomprises réapparaissent plus tard (en l'occurrence, pour le rêve aux loups, plusieurs années après). L'événement traumatique originel est donc représenté *dans* le rêve et est réactivé *par* lui. Ce qui veut dire que celui-ci n'est pas seulement une reproduction tardive de la scène initiale mais qu'il constitue aussi un événement à part entière. La scène primitive dans *L'Homme aux loups* doit ainsi se comprendre comme une relation entre deux événements-limites: le premier, manifestement «réel», ayant eu lieu *avant* le développement de l'inconscient ; le second, le rêve des loups, qui est non seulement produit *par* l'inconscient mais aussi la preuve et la conséquence traumatisante de sa formation. Les deux événements sont traumatiques par nature mais distincts par leur fonction: le premier submerge l'enfant et *déclenche* par-là les mécanismes psychiques à partir desquels l'inconscient sera constitué tandis que le second est la trace psychique d'une angoisse terrassante venue de l'intérieur.

Presque tous les événements déterminants de cette histoire ont lieu durant la période séparant les deux traumas. La précieuse chronologie que Freud reconstitue dans une note, à la fin de son texte (Freud 1918b: 119), confirme que l'essentiel de l'action concerne des événements (à la fois «réels» et «psychiques») ayant eu lieu lors de cette époque infantile précoce. Comme nous l'avons déjà dit, l'une des fonctions de la notion de scène primitive est de rendre *visibles* certains processus et événements inconscients. Toutefois, aucune des nombreuses «images» associées au cas (la scène originelle du coït, le premier rêve, le dessin qu'en fait l'Homme aux loups, le récit freudien du texte même du rêve) ne peuvent être considérées comme des images visuelles au sens courant du terme. Même le dessin qui semble être une « image réelle » (et qui en est bien une, en effet, dans une certaine mesure) demeure néanmoins, et de façon paradoxale, une image non visuelle puisqu'elle est simplement la mise en image *réelle* d'une image purement *fantasmatique*. Il est la description d'images oniriques originales et non la représentation mimétique des événements mêmes de la scène primitive. Là est la raison pour laquelle le dessin montre la scène de façon aussi déformée. Comme un rêve, il traduit davantage les images-mots (comme un rebus) qui composent le contenu onirique qu'il ne donne à voir quelque chose qui aurait été accessible à la perception. En outre, le fait que l'Homme aux loups, devenu adulte, soit capable de « dessiner » le rêve sur la base des traces d'un souvenir qui remonte à l'enfance confère implicitement au dessin d'étranges pouvoirs quasi photographiques. Agissant davantage comme une photo que comme le souvenir d'un rêve de la préhistoire infantile, le dessin de l'Homme aux loups semble capable de retrouver des impressions du rêve originel parfaitement préservées qu'il développe et reproduit de façon fidèle des décennies plus tard, après un long endormissement.

Naissance de l'humain

En se donnant les deux pôles traumatiques de la scène primitive comme cadre temporel des événements à travers lesquels la psyché et la sexualité de l'enfant s'élaborent, Freud est en mesure de *montrer* l'impact de la « sexualité infantile » sans recourir exclusivement à un paradigme développementaliste. Au-delà de l'aspect fictif ou fantasmatique sous lequel apparaît l'image de la scène primitive, le but est de rendre compte de la façon dont un enfant devient pleinement « humain » en des temps précoces et en réponse à des événements sexuels particuliers. Ainsi, selon cette perspective, nous retrouvons une fois encore le fait que la scène primitive joue le rôle d'un appareil photographique saisissant le moment impossible où la psyché advient en tant que psyché proprement humaine, susceptible de ce fait de fixation perverse, de phobie ou d'hystérie. Paradoxalement, le rêve de loups est le signe que l'enfant a atteint son humanité : il prouve à la fois que le jeune rêveur souffre d'un conflit et que son âme est désormais capable de répondre à cette souffrance en produisant un rêve.

A ce point de l'analyse (et cela deviendra important plus tard), il est intéressant de noter que le rêve des loups ne ressemble pas à un rêve typique d'enfant en raison de son degré de déformation. Comme l'explique Freud au chapitre III de *L'Interprétation du rêve*, les rêves d'enfant sont à prendre au pied de la lettre. Ils sont l'expression pure et non déformée d'un simple souhait: « Les rêves des petits enfants sont fréquemment de simples accomplissements de souhaits et en ce cas, en opposition avec les rêves d'adultes, ils ne sont nullement intéressants. Ils n'offrent pas d'énigmes à résoudre, mais ils sont naturellement inestimables pour prouver que le rêve, en son essence le plus intime, signifie un accomplissement de souhait » (Freud 1900a: 162). Et ce n'est pas un hasard si Freud conclut sa discussion concernant les rêves infantiles en invoquant une analogie spéculative entre les enfants et les animaux: « De quoi rêvent les animaux, je ne le sais pas. Un proverbe dont je dois la mention à l'un de mes auditeurs affirme le savoir car il pose la question: « De quoi rêve l'oie? » et y répond: « De maïs ». Toute la théorie selon laquelle le rêve est un accomplissement de souhait est contenue dans ces deux phrases » (ibid. p. 167). Bien sûr, comme Freud le savait très bien, et comme il le précise dans le chapitre suivant, les rêves ne sont pas simplement des souhaits mais des manifestations de souhaits *inconscients*. C'est précisément en raison de la frontière infranchissable entre les registres du conscient et de l'inconscient que le travail onirique (condensation, déplacement, déformation ...) s'avère nécessaire.

La comparaison entre les rêves d'enfant et les rêves d'animaux est un exemple parmi d'autres de la conviction freudienne d'une grande proximité entre les animaux et les enfants. La question est probablement plus compliquée qu'il n'y paraît au premier abord. D'un côté, Freud suggère, ou laisse entendre (comme dans le passage de *L'Interprétation du rêve* que nous venons de citer), que les enfants sont, comme les animaux, gouvernés par des besoins instinctuels ou biologiques. Mais il suggère également que cette ressemblance concerne surtout l'homme primitif et sa prédisposition au totémisme. La proximité naturelle avec le monde animal est toutefois qualitativement différente de celle liée au totémisme: dans le premier cas, on suppose un partage de traits communs alors que, dans le second, on met en avant une structure représentative (le totem) dont le fondement est la non reconnaissance ou le déni de la différence entre les espèces. Ainsi, selon la logique du totémisme, les primitifs sont particulièrement proches des animaux non pas parce qu'ils seraient comme eux mais bien plutôt en raison de leur incapacité à reconnaître la différence qui les sépare d'eux. Cette reconnaissance ratée de la différence est reliée à l'origine de la représentation elle-même, puisque l'identification aux animaux totems donne apparemment naissance au besoin d'utiliser l'animal comme un symbole de l'humain. Quoiqu'il en soit, l'important est de souligner que cet échec à reconnaître la différence entre les hommes et les animaux est une marque caractéristique de la culture humaine. Les animaux ne semblent pas témoigner du même profond besoin ou de la même propension à s'identifier à d'autres espèces que la leur. En d'autres termes, on n'imagine pas des loups rêvant à de petits garçons alors que les petits garçons rêvent souvent de loups.

Quelle différence sexuelle?

Gardons cette remarque présente à l'esprit en revenant justement au rêve des loups. Nous avons déjà dit qu'il n'était pas la simple «représentation» d'une scène de coït observée mais bien plutôt sa répétition psychique: la scène est rejouée. Réactivée dans et par le rêve, elle communique à la psyché de nouvelles informations ainsi que de nouveaux effets psychiques. Mais si on regarde de plus près le sens particulier que Freud lui attribue, dans la quatrième partie de l'histoire du cas, on découvre que ledit rêve combine, condense et confond trois questions concernant trois sortes de différences relatives à la sexualité: la différence entre les enfants et les adultes, celle entre homme et femme et celle entre animaux et humains. Par l'intermédiaire du rêve, l'enfant «découvre» simultanément l'existence du vagin et développe une phobie des loups en raison de cette découverte traumatique: l'activation de la scène primitive dans le rêve «le ramenait à l'organisation génitale. Il découvrait le vagin et la signification biologique de masculin et féminin. Il comprenait maintenant qu'actif équivalait à masculin mais passif à féminin. Son but sexuel passif aurait dû maintenant nécessairement se transformer en un but féminin et revêtir l'expression: être coïté par le père, au lieu de: être battu par lui sur l'organe génital ou sur le popo. Ce but féminin tombait désormais sous le coup du refoulement et devait nécessairement se laisser remplacer par l'angoisse devant le loup» (Freud 1918b: 44). Mais la découverte même de la «différence sexuelle» (l'existence du vagin) révélée par le rêve est exprimée *en* lui par la substitution d'animaux en lieu et place de figures humaines. Les nombreux loups (non différenciés sexuellement) en sont les indicateurs. Comme si la seule manière par laquelle la différence sexuelle *humaine* pouvait être perçue ou représentée dans la scène passait par la médiation de figures animales. L'émergence du symptôme de la phobie qui s'ensuit (et qui est un effet du rêve plutôt qu'une partie de son contenu narratif explicite) indique que la différence sexuelle a été, à la fois, reconnue et refoulée.

Bien que les questions soulevées par cette phobie du loup sont extrêmement importantes, je voudrais examiner de plus près encore la façon dont l'observation de la scène sexuelle est fondée, dans la scène primitive, sur un autre ensemble de confusions entre humains et animaux. Dans sa célèbre reconstruction de l'acte de coït que l'enfant est censé avoir vu, Freud est catégorique sur les postures spécifiques adoptées durant l'acte sexuel. Il use à plusieurs reprises des expressions latines «*more ferarum*» (à la manière des animaux) et «*a tergo*» (par derrière) pour les décrire. Dans la suite, toute l'étude se fonde sur l'idée que seul le sexe à l'animale (*animal-like sex*) rend les organes génitaux suffisamment visibles pour que l'enfant puisse saisir avec évidence la différence sexuelle. C'est cette révélation animale des organes génitaux qui traumatise le jeune enfant et entraîne la production ultérieure de l'image onirique des loups. Voici comment, selon Freud, elle provoqua le rêve de la scène primitive: «Ce qui cette nuit-là, tiré du chaos des traces d'impressions inconscientes, fut activé, ce fut l'image d'un coït entre les parents, dans des circonstances pas tout à fait habituelles et particulièrement favorable à l'observation» (ibid. 34-35). Ou encore: «Lorsqu'il se réveilla, il fut témoin d'un *coïtus a tergo* trois fois répété, put voir l'organe génital de la mère comme le membre du père, et comprit le processus ainsi que sa signification» (ibid. p. 35-36). Evoquant les impressions visuelles durant la scène primitive, Freud souligne l'importance des «positions qu'il [l'enfant] vit prendre à ses parents, redressée pour l'homme et courbée comme chez l'animal pour la femme [*die aufrechte des Mannes und die tierähnlich gebückte der Frau*]» (ibid. 37).

Ces extraits proviennent de la quatrième partie de l'étude de cas. A ce point de son argumentation, Freud propose cette description visuelle détaillée des «images» de ce à quoi l'enfant a assisté lors de la scène primitive afin de renforcer sa thèse selon laquelle l'événement en question est réellement «arrivé» et est bien un acte de copulation entre les deux parents. Mais le plus frappant est que, dans la genèse de la scène, l'enfant entre en contact avec la sexualité humaine et la différence sexuelle seulement quand les humains impliqués n'apparaissent pas en tant que tels mais comme des animaux. Une fois encore, le sexuel humain n'est rendu visible que sous des figures et en des postures animales.

Des loups dans l'imaginaire de la castration

Mais il y a un autre détail dans la description freudienne qui complique davantage la scène. Tout au long de son investigation, Freud insiste non seulement sur le fait que l'acte sexuel fut accompli (trois fois) par derrière mais aussi sur la différence entre les attitudes adoptées par la mère et le père. Il précise que l'homme est «vertical» alors que la femme est «courbée comme chez l'animal».

Les personnages sont tous deux engagés dans une même relation sexuelle de type animal mais à des degrés divers : l'homme est dressé verticalement, se tenant dans une posture encore humaine tandis que, dans le vocabulaire du texte, la femme est explicitement comparée à un animal. Autrement dit, la figure de l'homme est moins du côté de l'animalité que celle de la femme. L'acte sexuel efface toute trace du statut humain de la femme, ce qui est moins net pour l'homme qui, lui, se tient droit. Ainsi n'est-il pas seulement question ici de la différence sexuelle mais aussi de celle entre les espèces. En d'autres termes, la scène primitive paraît indiquer qu'il y a quelque chose de plus animal dans le fait d'être une femme que dans celui d'être un homme.

Ces différences de postures jouent un rôle crucial dans l'interprétation freudienne du cas puisque, bien que le loup dans le rêve représente à la fois le père et la mère, sa figure, qui donne lieu à la phobie du garçon, est considérée comme le symptôme d'un désir refoulé en direction du seul père. Selon Freud, la scène initiale à laquelle l'enfant assista a excité en lui un désir envers la figure paternelle et provoqué une identification à la mère ainsi qu'à la posture animale. Au réveil, juste après le rêve, en réponse à la « découverte » de la castration et de la différence sexuelle qu'elle représente, le désir de l'enfant pour le père fut réprimé et ce dernier fut lui-même transformé en un loup terrifiant. Mais pas n'importe quel loup : un loup dressé qui se tient droit comme un homme, loup qui n'existe donc pas dans le « monde réel » et ne peut y être observé. Un tel animal n'existe qu'en imagination : c'est là seulement, ou dans les images d'un livre, qu'on peut le rencontrer.

La nature « imaginaire » de la source de la phobie animale mérite quelque attention dans la mesure où elle fragilise la plupart des affirmations faites par Freud sur la fonction et la signification de cette pathologie. L'émergence des phobies animales chez les jeunes garçons est toujours, pour lui, le symptôme d'une angoisse d'être castré par le père : leur fonction est de contenir le conflit intérieur en l'isolant et l'externalisant. A travers la phobie, l'angoisse devant un père omnipotent et omniprésent est déplacée sur un substitut animal extérieur. De cette façon, la phobie assure à la fois que la figure paternelle animale, source d'angoisse, soit évitée et que le père réel soit toléré. Freud soutient cet argument en de nombreuses occasions mais les enjeux métaphysiques des phobies d'animaux apparaissent surtout dans *Totem et tabou* et *Inhibition, symptôme et angoisse*. Dans ces deux textes, en effet, l'Homme aux loups est explicitement convoqué aux côtés de l'autre fameux cas de névrose infantile, le Petit Hans, pour expliquer et reconstituer la formation de l'angoisse de castration dans son lien essentiel avec l'idée de la mort et la peur du père. Voici comment est décrit le mécanisme dans *Inhibitions, symptôme et angoisse* : « Nous disions qu'aussitôt que le moi a reconnu le danger de castration, il donne le signal d'angoisse et inhibe, au moyen de l'instance plaisir-déplaisir, d'une manière que nous ne pouvons pas pénétrer plus avant, le processus d'investissement menaçant dans le ça. En même temps s'effectue la formation de la phobie. L'angoisse de castration reçoit un autre objet et une expression déformée : être mordu par le cheval (dévoré par le loup) au lieu d'être castré par le père. La formation de substitut a deux avantages notoires, premièrement en ce qu'elle esquive un conflit d'ambivalence, car le père est en même temps un objet aimé, et deuxièmement en ce qu'elle permet au moi de suspendre le développement d'angoisse. L'angoisse de la phobie est en effet une angoisse facultative, elle ne survient que lorsque son objet devient objet de la perception. Cela est tout à fait correct ; c'est seulement alors qu'est en effet présente la situation de danger. D'un père absent non plus on n'a pas à redouter la castration. Seulement, on ne peut pas se débarrasser du père, il se montre toujours quand il veut. Mais se trouve-t-il remplacé par l'animal, on a seulement à éviter la vue c'est-à-dire la présence de l'animal, pour être libre de danger et d'angoisse» (Freud 1926d : 242-243). Autant l'idée que Freud se fait de la structure de la phobie d'animal est claire, autant le statut métapsychologique de celle-ci est problématique. Il semble hésiter, en effet, entre deux positions : tantôt la théorie de l'angoisse de castration est prouvée par son analyse de l'exemple clinique, tantôt il postule l'angoisse de castration et explique la phobie à partir de la théorie. Parfois même, il donne le sentiment de faire les deux en même temps en soutenant que, bien que la connexion particulière entre la phobie d'animal et la castration soit innée, jouissant ainsi d'une relation privilégiée à la préhistoire de la psyché, la «prédisposition» ne produit une phobie qu'en réponse à des événements sexuels remontant à l'enfance.

Mais l'argument selon lequel la phobie est à la fois fonction d'une connaissance préhistorique de la castration *et* réponse à des vécus infantiles particuliers dépend, une fois encore, de la supposition d'une proximité entre les jeunes garçons et les grands animaux ainsi que d'une grande malléabilité de la figure même de l'animal. Cette double fonction est particulièrement évidente à travers les références intempestives faites à la «pensée totémique» dans la présentation du cas de Hans dans *Inhibition, symptôme et angoisse* : «Ce qui transforme celle-ci en névrose, c'est uniquement et seulement un autre trait, le remplacement du père par le cheval. Ce déplacement instaure donc ce qui peut revendiquer le nom de symptôme. C'est lui l'autre mécanisme qui permet la liquidation du conflit d'ambivalence sans l'aide de la formation réactionnelle. Il est rendu possible ou plus facile par la circonstance que les traces innées du mode de pensée totémique peuvent encore être aisément vivifiées à cet âge tendre. Le fossé entre l'homme et l'animal n'est pas encore reconnu, il n'est certainement pas aussi suraccentué qu'il le sera plus tard. L'homme adulte, admiré mais aussi redouté, se trouve encore au même rang que le grand animal que l'on envie pour toutes sortes de raisons, mais contre qui on a été mis en garde parce qu'il peut devenir dangereux» (Freud 1926d: 220-221). Freud suggère ici qu'en dépit du fait que la phobie animale soit l'unique réponse psychique au conflit sexuel précoce, son émergence dépendrait d'une crainte innée des animaux fondée sur une intense identification à ces derniers. De cette façon, la figure animale entretient une relation privilégiée avec les drames sexuels de l'enfance: elle prépare l'âme à l'expérience de la sexualité infantile. Une fois encore, elle précède et usurpe la figure humaine dans l'élaboration de la différence sexuelle. On peut noter, en passant, que Freud affirme clairement que ce qu'il dit au sujet de la phobie d'animal ne concerne que les petits garçons. Et, comme il apparaît dans l'explication de la structure de cette phobie, le drame de la castration et de la différence sexuelle se déroule entre le garçon, son père et le substitut animal de celui-ci. Quand les figures animales sont là, les femelles disparaissent apparemment de la scène.

Flottements dans la théorie

A la lumière de ces remarques, si nous revenons à *L'Homme aux loups*, il apparaît que le traitement de la phobie dans ce texte met en difficulté, en de nombreux points, la théorie générale qui vient d'être esquissée. Tout d'abord la source de la phobie du loup est un animal imaginaire et non pas un véritable loup observé dans le monde réel. Bien que Freud admette ce détail, l'explication qu'il en propose soulève un certain nombre de questions. Cette phobie, écrit-il, «se distinguait d'autres cas analogues par le seul fait que l'animal d'angoisse n'était pas un objet facilement accessible à la perception (comme par exemple le cheval ou le chien), mais n'était connu que par le récit et le livre d'images» (Freud 1918b: 30). Il y a ici plus d'un problème. Tout d'abord, le fait que l'animal source d'angoisse soit à la fois inaccessible et imaginaire semble affaiblir sa capacité à isoler et externaliser la peur du père. En outre, selon le texte même de Freud, l'image onirique des loups (image qui précipite la phobie) n'est pas un simple animal imaginé: il est le produit de l'imagination de l'enfant, figure hétéroclite composée certes de loups et de chèvres empruntés à des contes de fées, mais aussi d'un vrai mouton mort et de vrais chiens de berger que l'enfant a pu, éventuellement, surprendre en train de s'accoupler. Bien que les contes de fées et les livres d'images fournissent la matière première du rêve, Freud soutient que la figure du «loup érigé», source de la phobie, provient plutôt d'images « réelles » correspondant au père redressé lors de la scène primitive. En d'autres termes, les loups des contes de fées sont seulement des éléments intermédiaires entre les images traumatiques primaires du père réel et celles de son avatar en forme de loup. Le père humain réel, contrairement au cas du petit Hans, fournit lui-même manifestement les images source en fonction desquelles l'animal angoissant est choisi. Comme Freud le souligne, l'élément décisif de la phobie n'est pas le loup en lui-même mais sa « position érigée » : « Le loup dont il avait peur était indubitablement le père, mais l'angoisse du loup était liée à la condition de la position debout. Son souvenir affirmait avec une grande précision que des images du loup marchant à quatre pattes ou couché dans le lit comme dans le conte du Petit Chaperon rouge ne l'auraient pas effrayé. La position que, d'après notre construction de la scène [primitive] (*Urszene*), il avait vu prendre à la femme ne revêtait pas une moindre significativité ; cette significativité restait toutefois limitée au domaine sexuel » (ibid. 39).

Ces deux « positions » sexuelles vont déterminer, dans la vie du patient, deux attitudes psychiques, distinctes et concurrentes, concernant la différence sexuelle. Freud affirme clairement que même si la phobie du loup, dans la posture érigée masculine qui l'exprime, est probablement un signe que le patient a « compris » la différence sexuelle et la castration, ce dernier continue néanmoins à la « nier » ou à la « dénier », soutenant durant toute sa vie une identification à sa mère, par le trait de l'intestin, ainsi qu'une puissante fixation sexuelle aux femmes « penchées en avant comme un animal », présentant leur postérieur. Freud reviendra sur ce fameux déni de la différence sexuelle dans son article sur le fétichisme (Freud 1927e). Mais il y un troisième élément dans cette scène qui, bien que caché, vient troubler la « compréhension » clivée que le patient se fait de la différence sexuelle. Ce troisième élément est la mort qui, elle aussi, apparaît par la médiation d'un animal élaboré à partir des matériaux issus de la scène primitive et qui sont à la source du rêve : « Du matériau brut que la première analyse avec le patient avait livré, il y avait aussi plusieurs conclusions à tirer, qu'il fallait insérer dans le contexte recherché. Derrière la mention de l'élevage des moutons, il fallait chercher les preuves de sa recherche sexuelle dont il pouvait satisfaire les intérêts lors de ses visites avec son père – mais des indices de l'angoisse de mort ne pouvaient manquer non plus d'y être, car les moutons étaient pour la plupart morts de l'épidémie » (Freud 1918b: 32). Si je mentionne ici les moutons morts, c'est pour répondre, en partie, à une affirmation plutôt déconcertante que l'on trouve dans plusieurs des commentaires, aussi rigoureux que provocants, que Jean Laplanche a consacré à cette histoire de cas. Dans deux de ses derniers essais (tout particulièrement dans *La révolution copernicienne inachevée* ou encore dans *Séduction, persécution et révélation*), il invoque *L'Homme aux loups* pour repenser le statut de la séduction et la signification de la « scène primitive ». A ses yeux, l'importance de cette dernière repose sur la nature intrinsèquement traumatique des messages sexuels énigmatiques échangés entre adultes et enfants. Il soutient que la scène primitive n'est jamais quelque chose qui se réfère à un contenu sexuel mais qui provient de la façon dont les parents communiquent activement (et inconsciemment) durant la scène. Toutefois, dans les deux textes mentionnés, non seulement Laplanche estime que Freud néglige le rôle joué par les parents, mais il suggère que le père a délibérément emmené le jeune garçon dans une prairie pour qu'il puisse y voir s'accoupler des moutons. A chaque fois que Laplanche invoque ce scénario imaginé (et peut-être même inventé), son propos devient étrangement excessif. Dans *La révolution copernicienne inachevée*, par exemple, il s'implique lui-même dans la scène en la décrivant à la première personne : « Que me veut-il ce père en me montrant, en me laissant voir cette scène originaire, fut-ce en m'emmenant dans les champs assister aux coïts des animaux » (Laplanche 1997 : xxx). Dans une autre publication, il effectue une association vraiment étonnante dans une note : « Lorsque le père de l'Homme aux loups emmène l'enfant assister à des coïts animaux, comment penser qu'il s'agit là d'une promenade innocente et sans intention ? » (Laplanche 1999 : 14). Une note se rapportant à cette proposition pleine de sous-entendus ajoute ceci : « Quoi de moins innocent qu'une promenade ? Je me souviens que du temps de l'occupation allemande, les quelques mots français que connaissaient les soldats allemands, c'était : « Promenade, mademoiselle ? ». Invite sexuelle, codée comme telle. » (ibid. 14).

Bien que le texte de Freud précise clairement que les visites du garçon auprès des moutons furent une source particulière de plaisir pour lui, il n'est jamais indiqué que le père ait explicitement et directement exposé l'enfant à la vue d'accouplements d'animaux. Bien plus, et cela est important, Laplanche ne mentionne jamais le rôle joué par l'animal dans la production et la transmission du « message énigmatique » particulier ; ni le fait, pourtant souligné à l'envi par Freud, que les moutons bien-aimés mourraient d'une épidémie et que, de ce fait, le père, ayant été incapable de les sauver, avait d'une certaine façon pris part à leur disparition. Bizarrement, Laplanche non seulement efface la présence de l'animal dans la scène mais y insère également un souvenir personnel, particulièrement surdéterminé, remontant à la période de l'Occupation. Sa version rapproche la rencontre entre le père, le fils et des animaux ayant été vus (ou non) en train de s'accoupler (parmi lesquels certains d'entre eux sont assurément morts) d'une scène de badinage, à teneur sexuelle, entre un homme et une femme qui ne parlent pas la même langue. Etant donné l'importance qu'il accorde à la nature irréductiblement énigmatique des « scènes primitives », il est compréhensible que Laplanche minimise l'importance des figures animales. Je pense toutefois que les animaux, dans le texte de Freud, ne sont pas une simple alternative, instinctive et biologique, à la sexualité humaine (comme le laisse entendre Laplanche) mais jouent un rôle capital dans la production et la transmission des « messages énigmatiques » entre les hommes. Ces derniers, pour ainsi dire, ne me paraissent pas suffisamment énigmatiques et, paradoxalement, c'est à la figure animale qu'il revient de tenir lieu de ce qui, dans l'expérience sexuelle humaine, échappe radicalement à toute traduction, transmission ou communication.

Quelques questions pour ne pas conclure

Il y a un certain nombre des questions concernant l'importance de l'élément animal dans l'étude consacrée à l'Homme aux loups que je n'ai pas abordées car je me suis presque exclusivement concentrée sur la quatrième partie du texte où Freud analyse le rêve et en conclut à la réalité de la scène primitive. Toutefois, comme les lecteurs de cette monographie le savent bien, l'article ne s'achève pas sur cette conclusion. Bien au contraire, dans la section V de l'ouvrage, une alternative est proposée concernant l'événement ayant donné lieu au trauma originel. Dans cette autre version, les images traumatiques du coït entre les parents de l'enfant deviennent le produit d'une projection fantasmatique rétrospective fondée sur les images réelles d'un accouplement entre animaux et non plus entre humains. Dans les quatre dernières sections du texte, Freud soutient simultanément 1) que le fait que l'acte sexuel puisse avoir été accompli par des animaux ne change rien à sa compréhension de la structure et de la signification de la scène primitive ; 2) que le « matériel nouveau » (Freud 1918b : 20) ne fait que confirmer son hypothèse première, à savoir que la scène primitive fut effectivement un acte sexuel entre les parents dont l'enfant fut le témoin.

Bien que mon analyse ne puisse prendre en compte toute la complexité de l'argumentation sinueuse et habile de ces derniers chapitres de *L'Homme aux loups* (comment d'ailleurs venir à bout d'une analyse qui était pour Freud l'exemple même d'une analyse « interminable » ?), je voudrais indiquer, trop allusivement sans doute, trois questions que soulèvent mon interprétation et qui mériteraient un approfondissement :

1) Si Freud propose deux versions différentes de la scène primitive (l'une réelle et l'autre fantasmée), il est toutefois intéressant de noter que le statut de

la prétendue « réalité » de l'événement détermine aussi celui de la « réalité » des animaux en question. En d'autres termes, si la scène primitive est « réelle », les loups du rêve sont imaginaires ; et si la scène est un fantasme, alors les animaux sont nécessairement réels. Freud envisage clairement la possibilité que l'enfant ait pu observer des chiens en train de s'accoupler. La réalité de l'événement de la copulation n'est ainsi jamais remise en question, seule l'est le statut de l'espèce des acteurs de la scène. Freud introduit cette deuxième version de la scène dans la section V qui se trouve au milieu de son argumentation alambiquée. Qui plus est, la signification du chiffre romain « V » sera introduite plus tard à titre de matériau dans l'histoire du cas. Les arguments de la section « V » du texte sont ainsi rétroactivement infléchis par la discussion de Freud concernant la signification du chiffre romain « V », en rapport avec une autre phobie d'animal, la phobie du papillon « à queue-de-pie ».

2) L'importance centrale du papillon apparaît au cours de la section VIII. A travers l'analyse d'un souvenir d'une phobie de papillon, Freud découvre un « nouveau matériau » sur la base duquel il prétend prouver la réalité de la scène primitive. Durant toute la cure, le patient produisit un souvenir d'enfance récurrent, relatif à la chasse d'un grand et beau papillon aux ailes rayées de jaune. Quand celui-ci se posait sur une fleur, le patient était pris d'une terrible angoisse. A partir du témoignage fourni par cette réaction provoquée par les ailes du papillon (formant un « V ») et grâce aux associations verbales, en plusieurs langues, suscitées par l'image des rayures jaunes, le psychanalyste et son patient reconstituèrent un ancien souvenir, jusqu'alors inaccessible à la mémoire : la scène de séduction avec « Grusha ». Selon Freud, cet événement (durant lequel le jeune garçon, juste âgé d'un peu plus de deux ans, réagit à la vue de cette jeune femme en train de nettoyer le sol, agenouillée et en appui sur ses mains, en urinant d'excitation) fournit les premiers indices de traces psychiques issues de la scène primitive : les mouvements de Grusha en ont réveillé l'image dormante et ont provoqué sa réactualisation. Paradoxalement, Freud prouve la réalité irréfutable de cette scène irrécupérable en s'appuyant sur le souvenir reconstitué de sa répétition : en découvrant les traces ou les images résiduelles (*after-images*) de sa première répétition, il estime avoir bel et bien « corroboré » sa réalité. En ce sens, la scène primitive ne se produisit « réellement » non pas une fois mais deux ; et à chaque fois, elle est associée à une phobie animale. La seconde fois, l'animal n'est pas un loup *imaginaire* mais un papillon *réel*. Le papillon, pourtant, est un animal que le patient a explicitement associé au féminin. Freud écrit : « Il en résulta alors que l'angoisse du papillon était parfaitement analogue à l'angoisse du loup, dans les deux cas angoisse devant la castration, d'abord afférente à la personne qui avait prononcé en premier la

menace de castration, puis reportée sur cette autre, auprès de qui elle devait trouver un rattachement selon le modèle phylogénétique» (ibid. 94). Une fois encore, la nature du lien entre la castration et les phobies d'animaux demeure ambiguë. Ici, l'animal produisant la phobie est catégorisé comme féminin et la personne qui est censée avoir formulé la menace de castration est une femme. Pourtant, Freud prétendra que la phobie du papillon, comme celle du loup, est à la fois une réponse à la scène primitive (via sa répétition avec Grusha) et une réincarnation de la phobie antérieure du loup. Le loup et le papillon sont donc simplement des formes animales de la même idée «humaine»: la peur de la castration par le père. Pour Freud, en outre, le fait que le loup devienne un papillon ne le dissuade pas d'argumenter en faveur de la signification «phylogénétique» de la phobie animale où, comme on l'a vu, le père est au centre de la scène et la mère absente.

3) Dans les derniers paragraphes de *L'Homme aux loups*, l'argumentation freudienne connaît un retournement énigmatique. Après avoir vigoureusement plaidé en faveur du rôle essentiel joué par la sexualité infantile individuelle tout au long de l'étude et après avoir, par là même, souligné la spécificité radicale de la sexualité humaine, Freud termine son enquête en invoquant l'existence chez les hommes d'une sorte de connaissance sexuelle qui ressemblerait à celle, instinctuelle, des animaux. Bien que ces passages aient fait l'objet de commentaires complexes et convaincants de la part de Jean Laplanche, il me semble que c'est le statut même de l' «analogie animale» qui réclamerait d'être exploré plus avant. Ce que Freud affirme, c'est qu'il est incapable de trouver une forme représentative adéquate d'une telle strate, la plus profonde et la plus fondamentale, de la sexualité humaine. Et ici encore, quand il s'efforce de faire passer l'idée de ce qui est le plus primitif, il introduit une figure animale pour tenir lieu de ce qui, autrement, demeure inconcevable: «Si l'on prend en considération le comportement de l'enfant de quatre ans à l'égard de la scène originaire réactivée, si même on ne fait que penser aux réactions considérablement plus simples de l'enfant d'1 an ½ en train de vivre cette scène, on peut difficilement écarter la conception selon laquelle une sorte de savoir difficilement déterminable, quelque chose comme une préparation à la compréhension, exerce ici chez l'enfant une action concomitante. En quoi cela peut bien consister, c'est ce qui échappe à toute représentation ; nous ne disposons que de la seule analogie, excellente, avec le vaste savoir instinctuel des animaux [*Worin dies bestehen mag, entzieht sich jeder Vorstellung; wir haben nur die eine ausgezeichnete Analogie mit dem weitgehenden instinktiven Wissen des Tiere zur Verfügung*]» (ibid. 118). Dans cette image finale de la «scène primitive» de *L'Homme aux loups*, par l'ultime recours à l'«excellente» analogie

animale, la différence sexuelle et la subjectivité humaine en viennent à entrer, l'une et l'autre, dans une proximité absolue et obscure avec cette animalité d'où elles proviennent.

Références bibliographiques

Abraham, N. & Torok, M. (1976) : *Le Verbier de l'homme aux loups*. Flammarion, 1999.

Cynthia, C. (1992) : *Translating the Transference : Psychoanalysis and the Construction of History* dans *Telling Facts : History and Narration in Psychoanalysis*, ouvrage sous la direction de J. H. Smith et H. Morris, Johns Hopkins University Press, 1992.

Davis, W. (1995) : *Drawing the Dream of the Wolves*. Bloomington, University of Indiana Press, 1995.

Deleuze, G. (1980) : *1914: Un seul ou plusieurs loups ?* dans *Mille Plateaux : Capitalisme et schizophrénie*. Paris, Les éditions de Minuit, 1980.

Freud, S. (1900a)* : *L'Interprétation du rêve*. Œuvres Complètes, vol. IV, Paris, P.U.F., 2003.

Freud, S. (1905d) : *Trois Essais sur la théorie sexuelle*. Œuvres complètes, vol. VI, P.U.F., 2006.

Freud, S. (1908c) : *Des théories sexuelles infantiles*. Œuvres complètes, vol. VI, P.U.F., 2007.

Freud, S. (1918 b) : *A partir de l'histoire d'une névrose infantile*. Œuvres Complètes, vol. XIII, Paris, P.U.F, 1988.

Freud, S. (1926d) : *Inhibition, symptôme, angoisse*. Œuvres Complètes, vol. XVII, P.U.F., 1992.

Freud, S. (1927e) : *Fétichisme*. Œuvres Complètes, vol. XVIII, P.U.F., 1994.

Gardiner, M. (1981) : *L'Homme aux loups par ses psychanalystes et par lui-même*. Gallimard, 1981.

Genosko, G. (1993) : *Freud's Bestiary: How Does Psychoanalysis Treat Animals ?* dans *Psychoanalytic Review*, 80.4, 1993.

Laplanche, J. (1997) : *La révolution copernicienne inachevée* dans *Le primat de l'autre*, Flammarion, 1997.

Laplanche, J. (1999) : *Séduction, persécution et révélation* dans *Entre séduction et inspiration : l'homme*. P.U.F., Quadrige, 1999.

Oliver, K. (2009) : *Animal lessons : How they teach us to be human*. New York, Columbia University Press, 2009.

Tyler, T. (2008) : *The Quiescent Ass and the Dumbstruck Wolf* dans *Configurations* 14.1, 2008.

* La lettre situe l'ouvrage dans la chronologique des publications de l'année mentionnée.

Final
Pourquoi des cas ?

Gilles Ribault

Chez Freud, le goût prononcé pour l'étude de cas est un trait intellectuel qui remonte à ses jeunes années de chercheur en biologie. Bien avant de s'intéresser à des singularités psychiques, le futur fondateur de la psychanalyse s'était déjà familiarisé avec l'examen du particulier dans les laboratoires, entre autres dans celui du célèbre physiologiste E.W. von Brücke. Son étude sur les ganglions spinaux de l'anguille le conduisit ainsi à démontrer la continuité cellulaire entre cette espèce primitive et les familles de poissons supérieurs. La lettre à Abraham datée du 21 septembre 1924 témoigne de l'importance que conserva, pour le psychanalyste, cette recherche histologique : « Je crois, écrit-il, que j'ai été plus heureux de cette découverte que je ne l'ai été depuis de beaucoup d'autres » (Freud & Abraham 1969 : 375)[1]. Dans un passage de son *Autoprésentation* évoquant cette période, Freud se confie un peu plus : « je développai (...) un penchant à la concentration exclusive de mon travail sur une matière ou un problème. Ce penchant m'est resté et m'a valu plus tard le reproche d'unilatéralité » (Freud 1925d : 58). Il n'est pas incongru d'aller jusqu'à supposer que cette pente de son esprit a revêtu chez lui un aspect névrotique. Un commentaire du rêve dit de la « monographie botanique », dans *L'Interprétation du rêve*, va dans ce sens : « Lorsque j'étais étudiant en médecine, j'étais en proie à l'impulsion de ne vouloir apprendre que dans des monographies » (Freud 1900a : 208). La psychanalyse ne s'est peut-être pas totalement éloignée de ce premier type d'investigation si on en croit son inventeur qui la compare à la technique « histologique ou chirurgicale » (Freud 1910a : 37).

On aurait toutefois tort de ne voir dans l'importance que Freud accorde à la présentation d'histoires individuelles que l'expression d'un trait psychologique. Ce mode mixte d'exposition et d'investigation, qui se distingue d'une simple notice clinique ou d'un écrit métapsychologique, s'inscrit dans un contexte théorique qui lui donne son sens et sa fonction. Nous avons déjà dit, dans l'introduction de ce recueil, que le compte-rendu de cure représentait, dans l'investigation freudienne, une libre construction ouvrant davantage des

[1] Voir sur cette période de la vie de Freud : P. Gay 1991 : 84 et suivantes. E. Wilson fait de ces travaux scientifiques l'impulsion première des recherches freudiennes qui prendront leur essor autour du phénomène de l'hystérie (Wilson 2004).

voies conceptuelles que ne décrivant une individualité psychique. Répétons-le : la monographie individuelle ne constitue pas la source empirique sur laquelle la théorie analytique s'édifie. Freud n'aurait jamais cessé de recourir à cette méthode si elle avait signifié à ses yeux son accès privilégié au réel psychologique. Or, à un certain moment de son parcours, cette méthode est abandonnée. L'article *Psychogenèse d'un cas d'homosexualité féminine*, rédigé en 1920, peut être considéré comme le dernier des cas freudien[2]. Ce tournant soulève une question : quelle était la fonction des études de cas pour que celles-ci puissent soudainement disparaître ? Quelque chose a dû changer dans la perspective psychanalytique freudienne pour que ce mode d'investigation en vienne à perdre de son intérêt. Tâchons de découvrir quoi.

Le temps des cas

La démarche monographique correspond à deux périodes distinctes de l'œuvre freudienne. La première est celle des *Etudes sur l'hystérie*, ouvrage écrit en 1895 en collaboration avec Breuer où Freud rassemble cinq comptes rendus de cures conduites lors d'une phase très précise de ses recherches. A cette époque, l'objectif thérapeutique était de produire la liquidation des symptômes par le processus de l'abréaction. Un traumatisme ayant laissé derrière lui des « corps étrangers », des déplacements d'affects et des bribes de souvenirs, il s'agissait de reconstituer, comme en une enquête policière, le puzzle de la scène originelle. La remémoration de ce vécu était censée conduire le patient à revivre celui-ci et, ainsi, à en modifier les traces inconscientes résiduelles[3]. L'étude de cas, lors de cette première époque, formule donc le résultat du travail généalogique qui permet au thérapeute-détective de remonter jusqu'à l'événement accidentel pathogène.

La seconde période est celle qu'inaugure, en 1901, le travail sur Dora et qui s'achèvera en 1920. Durant cette séquence qui s'inscrit dans un contexte métapsychologique bien plus élaboré, le cas continue de représenter une énigme clinique à élucider. Mais, désormais, l'enquête consiste, plus précisément, à établir le moment où une configuration psychique initiale, ce que Freud appelle la « constitution », vire à la pathologie à l'occasion de certaines circon-

[2] Un contre-exemple à notre affirmation pourrait être l'étude consacrée au Président Wilson, dont le projet est proposé à Freud en 1930 par W.C. Bullit et finalement réalisé pour l'essentiel par ce dernier. Mais les réticences de Freud vis-à-vis de ce texte dont il n'a vraiment assumé que la présentation confirment au contraire que l'ère des monographies est alors bien révolue pour le psychanalyste viennois.

[3] L'inconscient, entre 1892 et 1895, correspond à ce que Freud appelle le clivage des « groupes psychiques séparés ». Le refoulé est par nature inactif, un maillon mort dans le réseau des pensées du moi.

stances « accidentelles ». L'événement clef devient surtout psychique, même s'il implique toujours, de façon plus ou moins directe, comme dans le cas célèbre de l'Homme aux loups, une (ou des) scène(s) que l'enfant a réellement vécue(s). La valeur étiologique de ce vécu est désormais plus explicitement reliée, selon des degrés divers, au contexte constitutionnel dans lequel il s'est produit. Parallèlement, le but du travail thérapeutique a évolué : il ne s'agit plus de liquider les symptômes par l'abréaction mais de déceler les « complexes » et « scènes originaires » qui sont à l'arrière-plan des formations névrotiques afin d'engager, chez le patient, un travail associatif de réminiscence repoussant les lignes de la résistance (Freud 1910d : 66). L'écriture du cas gagne ainsi en profondeur psychologique.

Ainsi, qu'il s'agisse du premier Freud ou du suivant, l'enjeu de la méthode monographique est toujours le même : retracer une généalogie du pathologique, découvrir un point d'inflexion où le devenir normal s'est engagé sur une voie névrotique (au sens large du terme, incluant les « névroses narcissiques » c'est-à-dire les psychoses et excluant les névroses dites « actuelles », de nature strictement physiologique). Il s'agit de remonter à un seuil pathogénique qui a été franchi. Cette reconstitution est partie prenante du travail de la cure elle-même où, écrit Freud, il s'agit de développer devant le patient « la construction de la genèse de sa souffrance » (Freud 1920a : 240)[4]. Nous retrouvons ici un point que nous avons souligné dans l'introduction : un cas n'est pas pour Freud une individualité mise à nue, une personnalité étalée au grand jour mais le récit d'un moment, d'un tournant dans un devenir psychique qui en s'ossifiant, devient « désossable » c'est-à-dire analysable. La dynamique de l'âme n'est en effet repérable, identifiable et racontable que pour autant qu'elle s'engage en des fixations et des répétitions. Il n'y a pas d'étude de cas possible de l'homme sain. Le lot de la psychanalyse est toujours de devoir « deviner l'apparente simplicité du normal à partir des distorsions et des grossissements du pathologique » (Freud 1914c : 226). C'est là tout le problème que rencontre Freud dans le cas de la jeune homosexuelle : « La jeune fille n'avait d'ailleurs jamais été névrosée, n'apporta pas en analyse de symptôme hystérique, de sorte que les occasions d'explorer son histoire d'enfance ne purent se présenter de sitôt » (Freud 1920a : 244). Si c'est seulement la maladie qui donne à

---

[4] En toute rigueur, l'article sur la jeune homosexuelle n'est pas une investigation visant à rendre compte d'une entrée dans la névrose (et pas davantage d'une sortie, comme dans l'étude consacrée à la *Gradiva*) puisque la patiente n'est pas névrosée. Pourtant, dans sa forme, il s'agit bien d'une généalogie remontant à un point de bascule marquant un tournant dans l'histoire pulsionnelle du sujet. Le cœur de l'analyse, en effet, est, selon Freud, la mise à découvert du procès qui « lors d'une occasion appropriée, fit passer (...) le courant de libido hétérosexuelle plus profond dans le courant homosexuel manifeste » (Freud 1920a : 259).

comprendre les processus normaux, c'est que ces derniers sont par eux-mêmes toujours trop fluents, trop intriqués en de multiples processus pour pouvoir être repérables. La pathologie n'est pas tant la normalité agrandie que figée, rendue claire parce que « fixée ».

Nous retrouvons également ce schéma pathogénique à l'œuvre également, quoique de façon inversée, dans *Totem et tabou*. Freud y propose une remontée, à l'échelle phylogénétique, vers un point critique, une grande mutation dans l'histoire de l'humanité : après la sortie de la horde originelle, la naissance du fait social en tant qu'émancipation du fait religieux. Dans l'histoire humaine, toutefois, l'événement-clef ne marque pas l'entrée *dans le pathologique* mais au contraire, *dans la normalité sociale*[5]. Le religieux, en tant que névrose sociale constitue la résurgence d'une organisation archaïque. La morbidité correspond toujours, chez Freud, à la réactivation d'un refoulé c'est-à-dire d'un stade antérieur au sein d'un processus de développement.

Le cas en question

Venons-en à notre énigme. Pourquoi Freud a-t-il cessé de recourir aux études de cas après 1920 ? A-t-il donné congé à l'expérience pour se livrer plus librement à ses spéculations biologiques ? Serait-ce l'avènement du nouveau dualisme pulsionnel qui serait responsable de la disparition des cas ? Il est vrai que les développements sur la pulsion de mort, à partir de la publication d'*Au-delà du principe de plaisir*, laissent sceptiques de nombreux commentateurs. On ne saurait pourtant voir là l'indice d'un quelconque abandon de l'ambition scientifique de la psychanalyse puisque Freud continue au contraire à la revendiquer fermement, contre la *Weltschauung* du philosophe par exemple (Freud 1933a : 35ème Leçon). Il est vrai qu'en passant des pulsions des *Trois Essais* aux deux principes pulsionnels que sont l'Eros et la pulsion de mort, un changement d'échelle s'effectue et, dans la nouvelle métapsychologie du bouillonnant « ça », ce sont désormais *in fine* des facteurs biologiques inaccessibles du point de vue psychologique qui prennent l'ascendant. Pour autant, les liaisons proprement psychiques établies par l'Eros, les synthèses pulsionnelles et les complexes de représentations demeurent un niveau

[5] Contrairement à la lecture communément faite de *Totem et tabou*, l'enjeu central de cet ouvrage n'est pas tant de remonter à la source du religieux qu'au moment où la société humaine s'en est affranchie, pour être ultérieurement rattrapée par elle. La loi véritablement fondatrice de la société que Freud met en avant n'est pas tant celle religieuse que celle qui permet de la surmonter : « A l'interdit *fondé religieusement*, de tuer le totem, s'ajoute maintenant l'interdit, *fondé socialement*, du meurtre du frère » (Freud 1912-1913 : 365. C'est nous qui soulignons).

d'organisation accessible à l'enquête clinique, où de nouvelles investigations individuelles peuvent encore être menées. Freud aurait-il alors eu le sentiment d'avoir fait le tour de tous les types d'entrée dans la névrose ? Aurait-il inventorié tous les complexes inconscients susceptibles de provoquer du refoulement ? Quand bien même l'aurait-il cru, cela ne rendrait pas vain l'examen de la façon dont un individu singulier entre en pathologie, la diversité des situations individuelles étant toujours assez grande pour donner lieu à de nouvelles analyses et trouvailles conceptuelles. Autant faire alors l'hypothèse d'un déclin de la fécondité intellectuelle de Freud, ce que les grands textes rédigés après 1923 démentent amplement. Il faut donc supposer que c'est au sein même de la configuration de pensée freudienne que se trouvent les motifs de cette réorientation théorico-clinique. Pour comprendre cet infléchissement, il nous faut préciser la nature des rapports entre le normal et le pathologique.

Le normal et le pathologique : une distinction incontournable

La frontière entre ce qui, en l'âme, est pathologique et ce qui ne l'est pas, a toujours été affirmée par la psychanalyse freudienne. Comment une discipline à vocation thérapeutique pourrait-elle d'ailleurs s'en passer ? La nature de cette différence entre la santé et la maladie, d'un point de vue théorique, est toutefois difficile à établir aux yeux de Freud qui y a toujours vu une distinction d'ordre strictement pratique, ne pouvant se manifester clairement qu'à l'observation clinique. Considérés en eux-mêmes, les types opposés de l'âme saine et de celle névrosée sont néanmoins caractérisables. Jusqu'au début des années 1920, on peut rapporter en effet la santé psychique, selon la perspective freudienne, à trois caractères. D'un point de vue fonctionnel tout d'abord, l'âme bien portante est en situation d'*accomplissement pulsionnel* c'est-à-dire capable de mobiliser une grande part de sa libido dans les relations qu'elle noue avec le monde extérieur. La pathologie consiste, au contraire, en un affaiblissement de ce potentiel d'attachement dû à des placements inconscients qui sont soit refoulés, soit fixés de façon perverse, soit encore sublimés en motions narcissiques. Ainsi, en ce qui concerne le cas du névrosé, Freud écrit qu'il « est incapable de jouissance et de réalisation, incapable de jouissance parce que sa libido n'est dirigée vers aucun objet réel, incapable de réalisation parce qu'il doit dépenser une très grande partie de son énergie restante pour maintenir sa libido dans le refoulement et se défendre contre ses assauts » (Freud 1916-1917 : 470). Dans ce contexte, Freud assigne à la cure l'objectif de supprimer le symptôme et la souffrance mais surtout, ce faisant, de « rendre la capacité perdue de travail et de jouissance » (Freud 1926e : 90). Toujours sous l'angle fonctionnel, la santé représente également la *plasticité libidinale* qui permet d'agir et de jouir de la vie en pouvant s'adapter aux nouvelles tensions pulsionnelles que font naître les échanges avec le monde extérieur. Le pathologique se situe, à l'inverse, du côté de la « fixation » à une expérience de satisfaction passée. Ce terme (*Fixierung*) est utilisé par Freud pour rendre compte des traumas qui se trouvent à la source aussi bien de la perversion que du refoulement pathologique[6]. Enfin, dans une perspective cette fois génétique, à l'échelle de l'histoire individuelle, on peut dire que l'aptitude normale à jouir de l'existence est rendue possible par le *dépassement des pulsions sexuelles infantiles*. En effet, ce qui rend nécessaire le refoulement d'une pulsion est sa force, laquelle est directement liée aux contextes relationnels qui tantôt aiguisent, tantôt atténuent l'intensité des revendications pulsionnelles. Or, sans véritables débouchés moteurs, les exigences de la libido infantile ne peuvent qu'être, à terme, réprimées. La santé consistera donc, pour l'individu, à parvenir progressivement à solder ses désirs sexuels précoces en faisant le deuil de leur objet ou en les sublimant[7]. Une fois le détachement accompli, écrit Freud en 1915, la « libido redevient libre pour, dans la mesure où nous sommes encore jeune et pleins de force vitale, remplacer ses objets perdus par des objets nouveaux, si possible tout aussi précieux ou plus précieux » (Freud 1916a : 328). Au contraire, la névrose procède, chez l'adulte, d'une situation de crise analogue à celle de l'enfance qui entraîne une régression aux modalités de défense de cette période. Tout provient de ce que l'objet aimé fait défaut : « l'individu était en bonne santé aussi longtemps que son besoin d'amour était satisfait par un objet réel du monde extérieur ; il devient névrosé aussitôt que cet objet lui est retiré, sans qu'à la place se trouve un substitut » (Freud 1912c : 119). Ce sont, en règle générale, les faiblesses du mode de résolution des impasses érotiques de l'enfance qui exposent aux crises ultérieures qui n'en sont que des répétitions. Elles provoquent d'ailleurs, en général, la réactivation, dans un mouvement régressif, des défenses infantiles précoces.

Cette caractérisation de l'âme névrosée et de son contraire donne un cadre théorique et un sens au travail de la cure. Le but de la thérapie psychanalytique est, en effet, d'aider le patient à renouer avec la vie c'est-à-dire à s'affranchir

---

[6] Sont dites « traumatiques », « ces expériences vécues auxquelles nos nerveux paraissent fixés » (Freud 1916-1917 : 285).

[7] Ce processus s'étire tout au long de l'adolescence et passe, en général, par de nombreuses étapes : les états amoureux infantiles succombent aux refoulement « lors d'occasions extérieures décelables suscitant une déception, lors de vexations inattendues, lors de la naissance non souhaitée d'un nouveau petit, frère ou sœur, naissance ressentie comme une infidélité, etc., ou bien, sans de telles circonstances occasionnantes, ils y succombent de l'intérieur, peut-être seulement par suite de l'absence persistante de l'accomplissement trop longtemps désiré » (Freud 1919e : 129).

des inhibitions issues du passé qui l'empêchent d'investir la réalité actuelle en amour ou en intérêt[8].

Pourquoi est-il si difficile de différencier le normal du pathologique ?

Mais si les choses sont relativement claires, d'un point de vue pratique, aux pôles opposés du continuum entre le normal et le pathologique, elles cessent de l'être, du propre aveu de Freud, quand il s'agit d'expliquer théoriquement cette différence elle-même. On peut caractériser le profil relationnel de la névrose mais il est beaucoup plus délicat, en revanche, de décrire ce qu'est une âme névrosée et, surtout, de rendre compte de la différence entre elle et celle qui ne l'est pas. La vie psychique de ceux qui sont tourmentés par le conflit névrotique est-elle foncièrement différente de ceux qui y échappent ? Avons-nous affaire à une différence de configuration accidentelle ou d'essence ? La position générale de Freud sur ce point n'a jamais varié : contrairement aux troubles proprement neurologiques, la névrose ne correspond ni à une altération psychique, ni à une dégénérescence ni à une idiosyncrasie congénitale ; elle ne représente qu'une variante, un fonctionnement particulier de l'économie psychique dite « normale ». La frontière entre la santé et la pathologie existe mais sa nature est extrêmement poreuse : « Que l'on ne soit pas en droit de tracer une frontière rigoureuse entre enfants et adultes « nerveux » et « normaux », que « maladie » soit un concept de sommation purement pratique, (...) que par conséquent beaucoup d'individus venant de la classe des bien portants passent continuellement dans celle des malades nerveux et qu'un nombre bien moindre fasse aussi le chemin dans la direction opposée, ce sont là des choses qui ont été si souvent dites que je ne suis pas le seul à l'affirmer » (Freud 1909b : 127). Pourquoi la névrose et son contraire sont-elles conceptualisables en tant qu'être-au-monde, dans le type d'existence que chacune d'elle induit, alors que leur différence spécifique échappe à l'intelligence du psychologue ? C'est que leur différenciation est le fait de refoulements pathogènes qui ne tiennent qu'à des facteurs quantitatifs impondérables : ils sont les résultats de processus de sommation, d'addition et d'élévation de tensions, mesurables en droit mais observables, en fait, seulement quand certains seuils ayant été atteints, leur expression prend un tour psychique qualitatif[9]. Le quantitatif, quoiqu'il en soit, peut être mesuré ou calculé mais ne peut être pensé.

[8] L'âme normale n'est autre, pour Freud, que celle qui opère sous le régime du principe de réalité : « Aussi longtemps que le système Cs domine affectivité et motilité, nous appelons normal l'état psychique de l'individu » (Freud 1915e : 220).

[9] Santé et maladie « ne se distinguent pas par principe mais ne sont séparés que par une délimitation quantitative (*Summationsgrenze*) déterminable en pratique » (Freud 1904a :15).

Puisque ce ne sont que des variations d'intensité qui déterminent le devenir névrotique, tout comme le trajet inverse d'ailleurs[10], les éléments refoulés qui constituent l'inconscient normal sont de même nature que ceux qui sont engagés dans celui de la névrose. Dans les deux cas, ce sont les mêmes motions, les mêmes dispositions ou fantaisies que l'on retrouve, à des degrés d'élaboration et de force différents : « Les névroses n'ont pas de contenu psychologique qui leur soit propre, un contenu que l'on ne puisse aussi trouver chez l'homme en bonne santé ou, selon l'expression de C.J. Jung, les nerveux tombent malades de ces mêmes complexes contre lesquels nous, qui sommes en bonne santé, combattons aussi. Il dépend des rapports quantitatifs, des relations entre les forces luttant les unes avec les autres, que le combat mène ou non à la santé, à la névrose ou à des performances supérieures par compensation » (Freud 1910a : 50). Aussi est-ce seulement par le « nombre, l'intensité et la répartition » des formations substitutives par lesquelles l'individu répond aux refoulements effectués durant son enfance que se décide son entrée ou non sur la voie de la névrose (Freud 1910c : 158). C'est ainsi que, pour Freud, le pathologique ne fait qu'intensifier et isoler des processus qui, articulés à d'autres dans la fluidité de la vie psychique, appartiennent à la vie de l'homme normal[11]. Il contribue par-là à une meilleure connaissance des processus de l'âme normale.

Enfin, pour rendre encore plus compliquée la tâche du psychologue, Freud ajoute que l'inconscient du névrosé et celui du non névrosé ne sont pas seulement affiliés par leur contenu pulsionnel mais également par leur mode de fonctionnement : des défenses engagées contre certaines pulsions existent déjà bel et bien, sur un mode mineur, dans l'âme de l'homme bien portant. Toute âme saine contient ainsi des scories névrotiques. La normalité *pure* est une pure fiction. Pas d'âme sans inconscient, donc sans refoulements, sans certaines dépenses pour les entretenir, autrement dit sans qu'une part de la libido investie en énergie soit soustraite à la conscience. Aussi, pour Freud, l'« homme sain (...) est virtuellement un névrosé » (Freud 1916-1917 : 474). Le rêve n'est pas son unique symptôme : sa vie « prétendue saine est entremêlée d'une multitude de formations de symptômes minimes et sans signification pratique » (ibid. 474). Dire, comme peut le faire Freud avant 1923, que « nous sommes tous malades c'est-à-dire névrosés » ne revient pas à affirmer que les

---

[10] Trajet inverse dont l'enjeu est décisif, aux yeux de Freud, puisque son existence « fonde théoriquement la conviction que les névroses sont en principes guérissables » (Freud 1916-1917 : 474).

[11] Freud illustre ce point avec l'exemple de Léonard de Vinci : « D'après les petits indices trouvés dans la personnalité de Léonard, nous sommes en droit de le ranger à proximité du type névrotique que nous désignons comme « type par contrainte », et de comparer sa recherche à la « contrainte par rumination » des névrosés » (Freud 1910c : 158).

caractéristiques de la névrose se rencontrent aussi chez l'homme normal mais que la psychologie de ce dernier ne diffère pas en nature de celle de l'homme névrosé : « les conditions nécessaires à la formation du symptôme peuvent être mises en évidence chez les normaux aussi » (ibid. 371). Névrosé en puissance, l'individu sain ne l'est toutefois pas en acte. Tout homme n'est donc pas la proie de la névrose. Du moins est-ce ce que soutiennent les premiers grands textes de Freud.

Le tournant de 1923

Quelque chose change, en effet, au cœur de la perspective freudienne dans le début des années 1920, en même temps que l'instauration de la seconde topique. A partir de l'article charnière intitulé *Le moi et le ça* (1923), la différence entre le normal et le pathologique est encore soutenue mais de façon moins ferme puisqu'elle est, pour ainsi dire, vidée de son contenu.

Pour se convaincre de l'existence de ce tournant, commençons par lire ce que Freud nous dit, en 1927, dans *L'avenir d'une illusion*, de la condition normale de l'homme. Celui « qui ne souffre pas de névrose », écrit-il, se trouve « dans une situation difficile, il devra s'avouer tout son désaide (*Hilflosigkeit*) et son infirmité dans les rouages du monde, n'étant plus le centre de la création ni l'objet de la tendre sollicitude d'une providence bienveillante. Il sera dans la même situation que l'enfant qui a quitté la maison paternelle dans laquelle il se sentait bien au chaud et à l'aise » (Freud 1927c : 190). L'homme sain, d'après ce texte, ne s'est donc pas complètement affranchi de ses fragilités infantiles ni de l'angoisse qu'elles engendrent. Tableau bien sombre de la santé psychique et surtout très surprenant quand on le compare aux positions freudiennes antérieures. Quand, en 1910, Freud affirmait que « notre détresse [*Hilflosigkeit*] infantile [était] la source ultime de toute religion » (Lettre à J. Putnam du 10/3/1910 in Freud & Putnam 1978b : 122), il visait un malaise lié à un complexe paternel surmontable auquel, par exemple, un homme comme Léonard de Vinci avait échappé, ayant « appris à renoncer au père » dès ses premières années (Freud 1910c : 148). Très étonnamment, la description faite dans *L'avenir d'une illusion* de la condition de déréliction de l'homme non névrosé, correspond mot pour mot au désaide infantile tel qu'il était présenté dans *Un souvenir d'enfance de Léonard de Vinci* (ibid. 149). Mais, dans ce dernier ouvrage, cette détresse n'était que l'expression provisoire d'une impasse pulsionnelle dont ne cherche encore à se protéger que l'adulte qui ne s'en est pas totalement libéré et qui pourra trouver dans la sublimation religieuse une issue de fortune. Désormais, ce n'est plus seulement l'âme névrosée, dominée par un complexe d'Œdipe non résolu, qui est sujet au désaide; c'est aussi celle de l'homme normal qui, écartant l'expédient religieux, se sent démuni, avec les moyens de sa seule raison, face à un monde qui le dépasse. Le destin reconnu à Léonard en 1910 ne trouve plus sa place dans la nouvelle anthropologie freudienne. A fortiori, un homme ayant surmonté les revendications de sa sexualité infantile par un refoulement non pathologique ou par un long travail de deuil, confiant en l'avenir parce que capable d'investir énergiquement le monde extérieur de son amour et de son intérêt, un tel homme cesse d'être, aux yeux de Freud, une option existentielle concevable. L'éventail des possibilités ouvert jusqu'ici entre le normal et le pathologique ne passe plus d'un opposé à un autre: les traits de la névrose se retrouvent désormais dans le tableau psychique de l'homme « normal ». La santé n'est plus qu'une moindre pathologie. Quand Freud en vient alors à affirmer qu'« un moi-normal (*Normal-Ich*) est, comme la normalité en général, une fiction d'idéal (*Idealfiktion*) » (Freud 1937c: 36), cela ne veut plus dire qu'il n'y a pas de normalité pure mais qu'il n'y a plus de normalité du tout, au sens des critères antérieurs à 1923 que nous avons formulés plus haut: la névrose est devenue la norme. Ou, autrement dit, les névroses « ne s'éloignent en rien d'essentiel de la norme » (Freud 1940a: 278).

Une lecture plus globale des textes freudiens des années 1923-1930 fait apparaître une autre ligne de fracture qui converge avec la précédente: une inversion de valeur s'esquisse dans le couple normal / pathologique. Est-il en effet vraiment enviable d'être en bonne santé psychique si le prix à payer n'est autre que la négation de l'existence civilisée elle-même? « Il est facile pour un barbare d'être bien portant, pour l'homme de la culture, c'est une tâche difficile » (ibid. 280). La névrose devient le malaise inhérent à l'être de culture: « Cela nous montre combien toute notre vie de culture est névrosée puisque les prétendus normaux ne se conduisent guère autrement que les nerveux » (Freud 1926e: 31). Désormais, pour autant que nous soyons civilisés, nous sommes tous névrosés. Le processus éducatif conduisant l'enfant à la normalité est censé contenir dorénavant, à titre d'étape nécessaire, un temps névrotique: « De l'enfant de l'homme nous savons qu'il ne peut mener à bien son développement vers la culture sans passer par une phase de névrose plus ou moins nette » (Freud 1927c: 184). La névrose infantile cesse d'être l'exception pour devenir la règle (Freud 1926e: 39)[12].

---

[12] Un passage de l'ouvrage consacré au Président Wilson, rédigé en 1930, résume cette nouvelle perspective: « Un diagnostic affiné nous a fait découvrir la névrose en tous lieux, là où nous n'étions pas préparés à la voir survenir, et même nous autorise presque à énoncer que les symptômes de la névrose et ses restrictions du caractère sont devenus, dans une certaine mesure, le propre de tous les membres d'une communauté de culture » (Freud 1966b: 369).

Une nouvelle normalité problématique

Dans le contexte de ce recentrage de la psychopathologique freudienne sur le modèle névrotique de la théorie antérieure, que signifie à présent le maintien du clivage entre santé et névrose ? Les termes persistent mais leur signification dérive en même temps que Freud passe subrepticement d'une conception à une autre. La santé avait consisté jusqu'ici soit en une non entrée dans la maladie en raison d'un dépassement spontané des complexes infantiles ; soit, dans le cas d'une santé recouvrée, comme dans le cas du petit Hans par exemple, en une résolution de refoulements pathogènes. Après 1923, la primauté du complexe d'Œdipe, qui ne cesse de prendre de l'importance dans la pensée freudienne durant les années 1910[13], atteint son point d'orgue : la santé procède d'une « mutation » de l'organisation infantile œdipienne et le surmoi, structure psychique qui en est l'héritière, devient le pivot de la nouvelle normalité. Le conflit entre le moi et le retour du refoulé, que Freud avait d'abord présenté comme l'expression même de la vie névrotique, devient l'horizon indépassable de l'opposition structurelle entre le ça et le surmoi.

Le processus décrit par Freud contient plus d'un paradoxe. Tout d'abord, l'accès à la normalité suppose désormais la sortie brutale d'une sexualité infantile qui ressemble plus à la réaction énergique d'un refoulement pathologique qu'au détachement progressif par lequel, avant 1923, l'individu était censé, tout au long de l'adolescence, se dégager du complexe d'Œdipe. L'opération s'accomplit à présent de façon très précoce, au terme des cinq premières années de la vie (Freud 1926e : 34). Cette procédure de liquidation, Freud la distingue d'un simple refoulement par une étonnante abondance d'expressions : il s'agit d'une « disparition » (*Untergang*), d'une « destruction » (*Zerstörung*), d'une « suppression » (*Aufhebung*), d'une « mutation » (*Umwandlung*) ou encore de « tomber en ruine » (*Zertrümmern*) (Freud 1923b : 276). Seule la forte intensité des motions œdipiennes peut expliquer une implosion aussi radicale du complexe infantile. Or, dans le cadre général de la théorie freudienne, une telle situation devrait conduire à la réaction pathogène du refoulement. Il y a là un point aveugle de la nouvelle doctrine freudienne que l'exubérance lexicale masque difficilement.

Mais admettons ce nouveau mode de résolution précoce de la crise œdipienne ainsi que ses vertus « normalisatrices ». Un autre aspect du processus fait encore problème. Freud souligne lui-même que le complexe d'Œdipe ne disparaît pas complètement puisqu'il possède un « héritier » : « Dans le cas normal ou, pour mieux dire, idéal, il ne subsiste plus alors, même dans l'inconscient, de

[13] Voir sur ce point Van Haute & Geyskens (2012).

complexe d'Œdipe, le surmoi est devenu son héritier» (Freud 1925j: 200). Cette filiation représente un héritage pulsionnel lourd: «L'idéal du moi est donc l'héritier du complexe d'Œdipe et de ce *fait l'expression des plus puissantes motions et des plus importants destins libidinaux du ça*» (Freud 1923b: 279. C'est nous qui soulignons). Le surmoi finalement doit se concevoir comme l'incorporation d'une relation conflictuelle à l'autre qui se retourne contre le moi: «Petits, nous les avons admirés, redoutés ces êtres supérieurs, plus tard, nous les avons accueillis en nous-mêmes» (ibid.)[14]. Pas d'héritage, certes, sans une mort. Mais l'héritage est aussi ce qui fait survivre le défunt et peut même le rendre un peu trop présent. Ainsi le surmoi, survivance d'une névrose infantile, risque fort d'infliger à ceux qu'il hante l'existence angoissée et tourmentée de l'existence névrosée, entendue selon les critères d'avant 1923.

Que devient, dans ces conditions, la normalité psychique pour Freud? Une âme saine est-elle encore concevable? Il le semble bien puisqu'avec la crise œdipienne et l'installation du surmoi, écrit-il, on tombe sur «la ligne de partage, jamais tout à fait tranchée, entre le normal et le pathologique. Quand le moi n'est pas parvenu à beaucoup plus qu'un refoulement du complexe, ce dernier subsiste, inconscient, dans le ça, et plus tard il manifestera son action pathogène» (Freud 1924d: 31). La frontière est encore une affaire de degrés mais dans un sens nouveau: la santé psychique n'est plus qu'une moindre névrose, un degré pathologique zéro et non plus un état qualitativement opposé à son contraire. Le névrosé est celui qui paye une résolution œdipienne imparfaite par la sévérité de son surmoi: «Chez le névrosé dont le complexe d'Œdipe n'a pas connu la mutation correcte, (…) (son) surmoi continue de s'opposer au moi, comme le père sévère à l'enfant, et sa moralité s'exerce sur un mode primitif, en ceci que le moi se fait punir par le surmoi» (Freud 1926e: 48-49)[15]. Quant à la paradoxale santé garantie par un surmoi demeurant discret, Freud admet qu'elle est bien peu accessible: le complexe d'Œdipe et ses souhaits d'inceste, écrit-il, sont une «formation universellement humaine liée au destin» et l'héritage immémorial de ses désirs n'est «jamais complètement surmonté(s)» (ibid. 38). Ainsi, même sous la forme très minimale à laquelle elle se réduit désormais, la normalité demeure difficile à atteindre. La victoire

[14] Contrairement au processus analogue de l'introjection mélancolique, ce n'est pas ici l'objet perdu qui se retrouve à la place du moi: c'est l'individu interdicteur, porteur de l'imago narcissique, qui s'installe dans une partie du moi contre l'autre.

[15] Freud ne croit plus à une sortie effective du désarroi infantile. Certaines conditions d'angoisse, écrit-il, «ne sont absolument pas vouées à la disparition, mais doivent accompagner l'être humain tout au long de sa vie, comme celle de l'angoisse devant le surmoi. Le névrosé se différencie alors des individus normaux en ceci qu'il accroît démesurément les réactions à ces dangers» (Freud 1926d: 263).

sur l'Œdipe, « en règle générale, cela ne se produit pas de façon suffisamment fondamentale et la puberté suscite alors une réviviscence du complexe » (ibid. 37). Rares sont donc les individus sains, au nouveau sens du terme, et sans doute faut-il aller les chercher du côté des êtres les moins civilisés.

Obscurcissement de la perspective thérapeutique

Les conséquences de ce glissement théorique sont multiples. Avant de revenir pour finir sur la question de l'étude de cas, évoquons celle relative aux perspectives de traitement et de guérison. L'optimisme de Freud est bien retombé, dans sa *Nouvelle suite des leçons d'introduction à la psychanalyse*, quand il décrit ses premières ambitions thérapeutiques comme une forme de naïveté : « L'espoir de pouvoir guérir tout ce qui est névrotique, je le soupçonne de provenir de cette croyance profane que les névroses sont quelque chose de tout à fait superflu, qui n'a absolument aucun droit à exister » (Freud 1933a : 238). Parce que les racines de la névrose sont désormais considérées comme celles de l'âme humaine civilisée, l'ambition de la guérir paraît vaine et inappropriée. Aussi Freud en vient-il à penser, en 1926, que la psychanalyse demeurera davantage célèbre comme science de l'inconscient que comme thérapie (Freud 1926f: 291). Dans un article de 1924, *Court abrégé de psychanalyse*, le changement de perspective est encore plus spectaculaire. Qu'est-ce qui est, en effet, tenu capable de « rendre possible à l'individu la maîtrise de son complexe d'Œdipe et à faire passer sa libido de ses liaisons infantiles aux liaisons sociales souhaitées en définitive » (Freud 1924f: 353) ? La psychanalyse ? Non plus : il s'agit de l'activité d'esprit qui « a crée les grandes institutions de la religion, du droit, de l'éthique et de toutes les formes de la vie civique » (ibid.). Il revient désormais aux processus d'identification narcissique de nature morale ou religieuse de surmonter le conflit œdipien infantile. La maîtrise de l'Œdipe ne signifie plus sa liquidation mais son dépassement ambigu par un surmoi reconnu comme une structure essentielle de la psyché humaine.

On ne s'étonnera donc finalement pas que l'ambition thérapeutique de la psychanalyse devienne très modeste et que son objectif perde de sa netteté : « L'analyse doit instaurer les conditions psychologiques les plus favorables aux fonctions du moi ; cela fait, sa tâche serait menée à bien » (Freud 1937c : 52). Le thème de l'unité ou de l'harmonie des fonctions du moi, qui se développe dans les textes freudiens à partir du milieu des années 1920, est solidaire de l'idée nouvelle que la cure se doit, pour l'essentiel, de protéger le moi de l'emprise du surmoi. L'important n'est plus de remonter vers une origine du mal mais seulement de rendre conscient le refoulé qui est responsable de la sévérité surmoïque. Ce travail est d'ailleurs a priori condamné à achopper sur la source désormais structurale de toutes les formes de pathologie, à savoir l'angoisse de castration ou son équivalent féminin, l'envie du pénis: «On a souvent l'impression, écrit Freud, avec le désir de pénis et la protestation virile, de s'être frayé un passage, à travers toute la stratification psychologique, jusqu'au «roc d'origine» et d'en avoir ainsi fini avec son activité» (ibid. 54-55). Arrêt du travail donc, qui ne signifie pas achèvement de la cure mais point au-delà duquel persister revient à vouloir «prêcher aux poissons» (ibid. 54). Rien ne garantit donc au sujet en cure de pouvoir se libérer du conflit dont il fait les frais entre son ça et son surmoi[16]. Nous sommes ici bien loin de l'ambitieux projet de faire retrouver au patient de la jouissance et de l'accomplissement pulsionnel dans sa vie. La tâche est d'ailleurs presque impossible quand on songe à la vision terrible que Freud finit par donner de l'ego, pauvre valet soumis à la sévérité de trois maîtres contradictoires: «Ainsi, poussé par le ça, serré par le surmoi, rembarré par la réalité, le moi lutte pour la maîtrise de sa tâche économique: instaurer l'harmonie parmi les forces et influences qui agissent en lui et sur lui, et nous comprenons pourquoi si souvent nous ne pouvons pas réprimer cette exclamation: «La vie n'est pas facile!»» (Freud 1933a: 161).

La fin des cas

Il est temps de clore notre investigation en revenant à son point de départ: l'énigme de l'abandon de la démarche monographique dans l'œuvre freudienne après 1920. Le détour que nous venons d'effectuer nous donne quelques lumières et nous fait entrevoir une réponse.

Les études de cas, nous l'avons dit, avaient comme visée de saisir, dans l'histoire individuelle, le moment déterminant où une dynamique psychique saine se disloquait, sous l'effet de refoulements pathologiques, en complexes inconscients sources de symptômes. Enquêtes étiologiques, elles remontaient à la source d'un mal qu'il fallait connaître pour pouvoir s'en libérer. L'entrée dans la névrose était un événement crucial qu'une construction narrative arrachait à l'ignorance du sujet. Aussi les monographies démêlaient-elles les influences respectives des facteurs accidentels et constitutionnels, démontrant ainsi leur complémentarité: «La psychanalyse nous a exhorté à abandonner

[16] Freud n'entend plus créer de faux espoirs: «Dire si et quand nous avons réussi dans une cure analytique à maîtriser ce facteur sera difficile. Nous nous consolons avec la certitude que nous avons procuré à l'analysé toutes les incitations possibles pour réviser et modifier sa position à l'égard de ce facteur» (Freud 1937c: 55).

l'opposition infructueuse entre facteurs externes et internes, entre destin et constitution, et nous a enseigné à trouver régulièrement la causation de l'entrée dans la maladie névrotique dans une situation psychique déterminée, laquelle peut être instaurée par des voies diverses» (Freud 1912c: 126). Chez Dora, par exemple, le facteur constitutionnel *quantitatif* était tel qu'il pouvait suffire à conduire spontanément au refoulement sexuel et, par contrecoup, à des fixations portant sur telle ou telle motion libidinale. En ce sens, on peut dire que Dora était prédisposée à la névrose. Pourtant cette même prédisposition aurait pu conduire à une autre issue que celle de la fixation pathologique: celle du refoulement non pathologique ou de la sublimation. L'inné ne prédétermine pas, chez Freud, les formes de son expression. Pour Dora, il y eut un trauma précoce qui ouvrît une voie pathologique. Aussi Dora n'est-elle pas née hystérique. C'est *l'événement* de son devenir hystérique que Freud cherche à atteindre à travers l'étude qu'il lui consacre. De la même façon, dans le cas de la jeune homosexuelle, ce n'est pas une disposition bisexuelle mais une «fixation précoce à la mère» (Freud 1920a: 259) qui oriente très tôt l'intéressée vers une homosexualité non névrotique. On voit, dans ces deux cas, que la fixation *survient* toujours dans l'histoire du sujet et, en tant que telle, n'est jamais programmée par la constitution[17].

Avec le tournant théorique pris par l'instauration de la seconde topique, la genèse de la névrose cesse de relever d'une histoire pour devenir une variation au sein d'une même organisation, celle du complexe d'Œdipe. La question de l'entrée en maladie ne se pose plus selon les mêmes termes puisque nous entrons tous en névrose de façon très précoce. Il n'y a plus à découvrir ce que sont les motions sexuelles ayant suscitées le refoulement pathogène puisque l'on a désormais identifié la nature œdipienne des défenses infantiles qui s'opposent à elles. Tous les destins psychiques ne se distinguent plus que par la façon dont ils ont traversé une même impasse pulsionnelle précoce. Les rapports purement quantitatifs qui jusqu'ici déterminaient seulement la déviation pathologique engagent désormais la genèse de la personnalité elle-même: les facteurs de l'étiologie névrotique sont devenus, plus généralement, «le matériel élémentaire de l'advenir animique» (Freud 1966b: 370). Motions pulsionnelles, identifications, formations réactionnelles ... : «les éléments de la constitution animique sont toujours les mêmes. Ce qui change dans la mixtion, ce sont les proportions dans lesquelles se mélangent les éléments»

[17] Le fait que Freud souligne clairement qu'en dépit de la tentative de suicide de la patiente, il ne considère pas celle-ci comme «malade» c'est-à-dire comme la proie d'un «conflit névrotique» (ibid. 239), montre que l'étude de cas freudienne n'est pas tant liée à la psychopathologie qu'à l'idée que la dynamique psychique connaît dans son cours des points d'inflexion majeurs.

(Freud 1966b: 370). Le résultat n'a rien de vraiment singulier: il est celui d'une combinatoire d'un ensemble fini de termes. Une perspective structurale a chassé l'approche historique. Les différences de trajectoires pulsionnelles se subsument dorénavant sous des profils psychiques types. De la problématique des « types d'entrée dans la maladie névrotique », pour reprendre le titre d'un article de 1912 (Freud 1912c), Freud passe à celle des « types libidinaux », intitulé d'un article de 1931 (Freud 1931a).

Ainsi, pour le dernier Freud, la perspective généalogique des études de cas cesse d'être pertinente aussi bien théoriquement que cliniquement. Si la contingence de l'histoire pulsionnelle n'est pas annulée, ses effets ne sont plus de nature à infléchir le cours de l'existence individuelle selon de grandes amplitudes. La conjugaison accidentelle des données internes et externes continue d'opérer mais au sein d'un spectre de possibilités restreint. Les variations sur le thème de l'Œdipe succèdent aux récits de morceaux d'histoires singulières. En outre, les entreprises thérapeutiques connaissent a priori leur point d'arrivée qui est aussi leur butée ultime, ce qui circonscrit la marge de manœuvre analytique à un simple apaisement relatif d'une conflictualité névrotique irréductible. On comprend que dans ce contexte, les critères du normal et du pathologique finissent par perdre leur sens: « ces critères ne sont en rien univoques, fiables ni constants. Ils sont scientifiquement difficiles à concevoir. (...). « Normal » signifie la plupart du temps: semblable à ou proche de la moyenne dans l'existence » (ibid. 371). La notion même de névrose, coupée de ses premiers étayages théoriques, Freud ne se l'explique plus lui-même: « Nous nous retrouvons inopinément devant la question irritante qui a été si souvent posée: d'où vient la névrose, quel est son motif ultime, son motif particulier? Après des décennies d'efforts analytiques, ce problème se dresse devant nous, intact, comme au commencement » (Freud 1926d: 264). L'abandon d'une conceptualisation claire de la différence entre santé et névrose semble donc bien responsable de l'obscurcissement final du sens et de la cohérence du projet freudien. Ce qui nous interroge sur la capacité de la psychanalyse à se passer de l'opposition entre normalité et pathologie psychique, fut-elle théoriquement difficile à expliquer: peut-elle faire l'économie d'une problématique de l'entrée et de la sortie de la névrose? Une psychanalyse sans études de cas est-elle possible?

Références bibliographiques

Freud, S. (1900a)* : *L'Interprétation du rêve*. Œuvres Complètes, vol. IV, Paris, P.U.F., 2003.
Freud, S. (1904a) : *La méthode psychanalytique de Freud*. Œuvres complètes, vol. VI, P.U.F., 2006.
Freud, S. (1905d) : *Trois Essais sur la théorie sexuelle*. Œuvres complètes, vol. VI, P.U.F., 2006.
Freud, S. (1905e) : *Fragment d'une analyse d'hystérie*. Œuvres Complètes, vol. VI, Paris, P.U.F., 2006.
Freud, S. (1909b) : *Analyse de la phobie d'un garçon de cinq ans*. Œuvres Complètes, vol. IX., P.U.F. 1998.
Freud, S. (1910a) : *De la psychanalyse*. Œuvres complètes, vol. X., P.U.F. 1993.
Freud, S. (1910c) : *Un Souvenir d'enfance de Léonard de Vinci*. Œuvres Complètes, vol. X., P.U.F., 1993.
Freud, S. (1910d) : *Les chances d'avenir de la thérapie psychanalytique*. Œuvres complètes, vol. X, P.U.F., 1993.
Freud, S. (1910k) : *De la psychanalyse « sauvage »*. Œuvres Complètes, vol. X, P.U.F., 1993.
Freud, S. (1912-1913) : *Totem et tabou*. Œuvres complètes, vol. XI, P.U.F., 1998.
Freud, S. (1912c) : *Des types d'entrée dans la maladie névrotique*. Œuvres Complètes, vol. XI, P.U.F., 1998.
Freud, S. (1914c) : *Pour introduire le narcissisme*. Œuvres Complètes, vol. XII, P.U.F., 2005.
Freud, S. (1915e) : *L'inconscient*. Œuvres complètes, vol. XIII, P.U.F., 1994.
Freud, S. (1916a) : *Passagèreté*. Œuvres complètes, vol. XIII, P.U.F., 1994.
Freud, S. (1916-1917) : *Leçons d'introduction à la psychanalyse*. Œuvres complètes, vol. XIV, P.U.F., 2000.
Freud, S. (1919e) : *Un enfant est battu*. Œuvres Complètes, vol. XV, P.U.F., 1996.
Freud, S. (1920a) : *De la psychogenèse d'un cas d'homosexualité féminine*. Œuvres Complètes, vol. XV, P.U.F., 1996.
Freud, S. (1920g) : *Au-delà du principe de plaisir*. Œuvres Complètes, vol. XV, P.U.F., 1996.
Freud, S. (1923a) : *Psychanalyse et théorie de la libido*. Œuvres Complètes, vol. XVI, P.U.F., 1991.
Freud, S. (1923b) : *Le moi et le ça*. Œuvres Complètes, vol. XVI, P.U.F., 1991.
Freud, S. (1924d) : *La disparition du complexe d'Œdipe*. Œuvres Complètes, vol. XVII, P.U.F., 1992.
Freud, S. (1924f) : *Court abrégé de psychanalyse*. Œuvres Complètes, vol. XVI, P.U.F., 1991.
Freud, S. (1925d) : *Autoprésentation*. Œuvres Complètes, vol. XVII, P.U.F., 1992.
Freud, S. (1925j) : *Quelques conséquences psychiques sur la différence des sexes*. Œuvres Complètes, vol. XVII, P.U.F., 1992.

Freud, S. (1926d) : *Inhibition, symptôme, angoisse*. Œuvres Complètes, vol. XVII, P.U.F., 1992.
Freud, S. (1926e) : *La question de l'analyse profane*. Œuvres Complètes, vol. XVIII, P.U.F., 1994.
Freud, S. (1926f) : *Psychanalyse*. Œuvres Complètes, vol. XVII, P.U.F., 1992.
Freud, S. (1927c) : *L'avenir d'une illusion*. Œuvres Complètes, vol. XVIII, P.U.F., 1994.
Freud, S. (1931a) : *Des types libidinaux*. Œuvres Complètes, vol. XIX, P.U.F., 2004.
Freud, S. (1933a) : *Nouvelle suite des leçons d'introduction à la psychanalyse*. Œuvres Complètes, vol. XIX, P.U.F., 2004.
Freud, S. (1937c) : *L'analyse finie et l'analyse infinie*. Œuvres Complètes, vol. XX, P.U.F., 2010.
Freud, S. (1940a) : *Abrégé de psychanalyse*. Œuvres Complètes, vol. XX, P.U.F., 2010.
Freud, S. (1966b) : *Introduction à S. Freud et W.C. Bullitt*. Œuvres Complètes, vol. XVIII, P.U.F., 1994.
Freud, S. & Abraham, K. (1965) : *Correspondance*. Gallimard, 1969.
Freud, S. & Putnam, J. J. (1978b) : *L'introduction de la psychanalyse aux Etats-Unis, autour de J.J. Putnam*. Gallimard, 1978.
Freud, S. & Jung, C. G. (1975a) : *Correspondance*. Gallimard, 1992.
Freud, S. & Ferenczi, S. (2000a) : *Correspondance 1920-1933*. Calmann-Lévy, 2000.
Gay, P. (1991) : *Freud, Une vie*. Hachette, 1991.
Van Haute, P. & Geyskens, T. (2012) : *A Non-Oedipal Psychoanalysis? A Clinical Anthropology of Hysteria in the Works of Freud and Lacan*. Leuven, Leuven University Press, 2012.
Wilson, E. A. (2004) : *Psychosomatic : Feminism and the neurological body*. Duke University Press, 2004.

* La lettre situe l'ouvrage dans la chronologique des publications de l'année mentionnée.

Présentation des auteurs

Jens De Vleminck est docteur en philosophie (KU Leuven) et psychanalyste (Ecole Belge de Psychanalyse). Il enseigne à l'Université de Gand (Belgique). Il a déjà édité, avec E. Dorfman, *Sexuality and Psychoanalysis: Philosophical Criticisms*, Leuven, Leuven University Press, 2010. A paraître: *Repenser la pulsion de mort chez Freud* dans la revue L'Evolution psychiatrique.

Tomas Geyskens est docteur en philosophie et psychanalyste (Ecole Belge de Psychanalyse). Il travaille comme praticien en institution (Zonnelied) à Roosdaal (Belgique). Il a publié: *Freud's Letters to Fliess: From seduction to sexual biology, from psychopathology to a clinical anthropology.* The International Journal of Psychoanalysis, 2001 ; *Imre Hermann's Freudian theory of attachment.* The International Journal of Psychoanalysis, 2003 ; *Painting as Hysteria. Deleuze and Bacon.* Deleuze Studies (2008). Il est l'auteur, avec Philippe Van Haute, de *A Non-Oedipal Psychoanalysis? A clinical anthropology of hysteria in the works of Freud and Lacan,* Leuven, Leuven University Press, 2012.

Elissa Marder est professeur de français et de littérature comparée à Emory University (Atlanta, USA) et rattachée aux départements de philosophie et d'études psychanalytiques. Elle a publié *The Mother in the Age of Mechanical Reproduction: Psychoanalysis, Photography, Deconstruction,* New York, Fordham University Press, 2011 ; *Dead Time: Temporal Disorders in the Wake of Modernity: Baudelaire and Flaubert.* Stanford, Stanford University Press, 2001. Elle a édité avec E.S. Burt et K. Newmark, *Time for Baudelaire (Poetry, Theory, History)*, Yale French Studies, vol. 125/126, New Haven, Yale University Press, 2014.

Gilles Ribault, ancien élève de l'Ecole Normale Supérieure de St Cloud, agrégé de philosophie et docteur en psychologie (Paris VII), enseigne la philosophie dans le secondaire. Il a publié: *De la mélancolie dans le genre? Freud lu par Judith Butler* dans *Sexualités, genres et mélancolie (S'entretenir avec Judith Butler)*, ouvrage sous la direction de M. David-Ménard, Paris, Ed. Campagne Première, 2009 ; *L'autre dans l'âme. Pour en finir avec l'idée d'une monadologie freudienne*, dans la Revue annuelle Filozofski Vestnikge, sous la direction de J.P. Marcos et J. Sumic Riha, Ljubljana, 2010 ; *The two sources of morality in Freudian work*, dans *Psychoanalysis, Monotheism and Morality, Vienna Freud Museum Symposia 2009-2011,* Leuven, Leuven University Press, 2013.

Beatriz Santos est psychologue, docteure en Recherches en Psychanalyse (Paris VII). Elle enseigne en tant qu'ATER à l'UFR de Psychologie de l'Université Toulouse Jean Jaurès. Elle a publié : *Errance du Moi* dans les Libres Cahiers pour la Psychanalyse (Paris, 2011) ; *Entre la pénombre du cabinet et les normes sociales. Considérations sur l'homosexualité comme question* dans la Revista Percurso, São Paulo, Ed. Sedes Sapientae, 2013. Elle a également édité, avec M. Coelen et C. Nioche : *Jouissance et Souffrance*, Paris, Editions Campagne Première, 2013.

Patrick Vandermeersch, psychanalyste (Ecole Belge de Psychanalyse) et chercheur, a enseigné l'éthique et l'histoire de la sexualité à l'Université catholique de Louvain (Belgique) et est aujourd'hui professeur émérite en psychologie de la religion de l'université de Groningue (Pays-Bas). Il a publié : *Unresolved Questions in the Freud / Jung Debate. On psychosis, sexual identity and religion*, Leuven University Press, Leuven, 1991 ; *The Failure of Second Naiveté. Some landmarks in the French psychology of religion* dans : J. A. Van Belzen, *Aspects in Context, Studies in the History of Psychology of Religion*, Amsterdam, Rodopi, 2000 ; *La chair de la passion. Une histoire de foi : la flagellation*, Paris, Cerf, 2002 ; *Une culpabilité protestante chez Maxence Van der Meersch ?* dans *Maxence Van der Meersch, écrivain engagé*, ouvrage sous la direction de Chr. Morzewski et P. Renard, Lille, Presses de l'Université Charles-de-Gaule, 2008.

Philippe Van Haute est psychanalyste (Ecole Belge de Psychanalyse) et professeur d'anthropologie philosophique à l'Université Radboud de Nimègue (Pays-Bas) où il codirige le Center for Contemporary European Philosophy. Il a publié : *Against Adaptation. Lacans subversion of the Subject*, Other press, 2002 ; avec Tomas Geyskens : *Confusion of Tongues. The primacy of Sexuality in Freud, Ferenczi and Laplanche*, Other Press, 2004 et *From Death Drive to Attachment Theory. The Primacy of the Child in Freud, Klein and Hermann*, Other Press, 2007 ; *Towards a non-oedipal Psychoanalysis? Clinical Anthropology of Hysteria in Freud and Lacan*, Leuven, Leuven University Press, 2012.

Herman Westerink enseigne au Center for Contemporary European Philosophy et au Titus Brandsma Institute, à l'Université Radboud de Nimègue (Pays-Bas). Il est rédacteur en chef de la collection *Sigmund Freuds Werke : Wiener Interdisziplinäre Kommentare* (Vienna University Press) et directeur adjoint du comité scientifique de la Sigmund Freud Private Foundation (Vienne). Il a publié : *A Dark Trace : Sigmund Freud on the Sense of Guilt,* Leuven, Leuven University Press, 2009 ; *The Heart of Man's Destiny,* Routledge, 2012 ; *Verlangen en vertwijfeling: melancholie en predestinatie in de vroege moderniteit,* Sjibbolet, 2014.

www.ingramcontent.com/pod-product-compliance
Ingram Content Group UK Ltd.
Pitfield, Milton Keynes, MK11 3LW, UK
UKHW021846100926
8556IPUK00019B/1080

9 789462 700505